AF455555

RÈGLEMENT

APPROUVÉ PAR LE ROI

CONCERNANT

L'EXAMEN DES CANDIDATS AU GRADE D'ÉLÈVE-CONSUL

— 6 OCTOBRE 1847 —

PARIS
IMPRIMERIE PANCKOUCKE
Rue des Poitevins, 6
1847

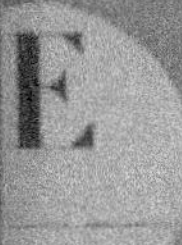

RÈGLEMENT

APPROUVÉ PAR LE ROI

CONCERNANT

L'EXAMEN DES CANDIDATS AU GRADE D'ÉLÈVE-CONSUL

AVEC LE RAPPORT AU ROI

ET LES PIÈCES ANNEXES.

PARIS

IMPRIMERIE PANCKOUCKE

Rue des Poitevins, 6

1847

AVIS.

Les principales publications officielles à consulter, outre le *Bulletins des lois* et le *Moniteur universel*, sont :

Les *Annales maritimes;*

Le *Bulletin mensuel du ministère de l'agriculture et du commerce;*

Les *Tableaux annuels et décennaux du commerce de la France*, publiés par l'administration des douanes;

Le *Tarif général des douanes*, et les Suppléments.

Nota. En ce qui concerne les recueils et ouvrages publiés par des particuliers, aucun choix n'est imposé aux candidats.

EXTRAIT DU MONITEUR UNIVERSEL
du 15 octobre 1847.

RAPPORT

AU ROI.

Paris, le 5 octobre 1847.

Sire,

Votre Gouvernement s'est préoccupé, depuis plusieurs années, du soin de mettre le corps consulaire en mesure de remplir, de la manière la plus utile à tous les intérêts français au dehors, les devoirs non moins importants que divers qui lui sont imposés par son institution. En même temps qu'elles organisaient toutes les parties du service dans leurs rapports avec le département des affaires étrangères et celui de la marine, les ordonnances de 1833 avaient réglé les conditions d'admission et d'avancement dans la carrière du consulat, en les rattachant, autant que le comportait la différence des temps, à celles qui avaient été déterminées par l'ordonnance de 1781.

Après une expérience de douze années, j'ai dû proposer à Votre Majesté, dans le cours de 1845, de modifier, sur quelques points seulement, un état de choses qui, dans son ensemble, satisfaisait aux besoins du service, en même temps qu'il donnait aux agents eux-mêmes les garanties désirables. L'ordonnance royale du 26 avril 1845 a maintenu les règles principales consacrées par celles du 20 août 1833, en élargissant les bases de la carrière consulaire, en lui assurant des moyens de recrutement réclamés quelquefois par les intérêts du commerce, de la science ou de la politique. La création d'un certain nombre d'agences consulaires, qui donneront accès au consulat de deuxième classe après un exercice de cinq années, ouvrira la carrière à des hommes spéciaux, à quelques explorateurs habiles, placés en dehors des conditions de la hiérarchie, sans affaiblir en rien cette hiérarchie elle-même, dans les principes qui la constituent et qu'il importe de maintenir.

Pour lui donner une stabilité plus forte encore, et pour lui assurer toute l'autorité morale qui lui appartient, j'ai proposé à Votre Majesté de décider qu'une commission spéciale déterminerait le mode et les matières de l'examen imposé à quiconque aspirera au grade d'élève-consul. Aux termes de l'art. 2 de l'ordonnance du 26 avril 1845, le projet de règlement préparé par cette commission était appelé à recevoir la sanction royale; je viens le soumettre aujourd'hui à l'approbation de Votre Majesté.

La commission, composée de membres des deux chambres et des principaux chefs de services des départements des affaires étrangères, de la marine et du commerce, a accompli, avec un soin consciencieux, la tâche qui lui était confiée.

M. le baron de Bussierre, votre ministre près la cour des Pays-Bas, auquel j'en avais déféré la présidence, a consigné, dans un Rapport que j'ai l'honneur de mettre sous les yeux du Roi, les résultats du travail auquel elle s'était livrée. Le projet rédigé par elle satisfait à toutes les exigences ; et, par la spécialité des matières autant que par la précision des questions, il échappe, je crois, aux reproches qu'avait pu encourir le programme antérieurement rédigé pour l'usage de mon département. L'étude des matières indiquées préparera efficacement à une carrière qui exige une diversité de connaissances en rapport avec la diversité des devoirs. Le soin qu'a pris la commission d'élaguer toutes les questions théoriques sans application immédiate à l'exercice des fonctions consulaires garantit, d'ailleurs, que ce programme n'excédera pas la mesure d'intelligence ordinaire chez des jeunes gens de vingt-deux à vingt-cinq ans, déjà pourvus des grades de bachelier ès lettres et ès sciences physiques et de licencié en droit.

En même temps que les matières de l'examen ont été déterminées, des dispositions heureusement combinées ont donné au jury d'examen une consistance et une stabilité qui lui avaient manqué jusqu'ici, et sa composition offrira désormais au Gouvernement aussi bien qu'aux aspirants eux-mêmes les plus sûres garanties.

Je prie Votre Majesté de vouloir bien revêtir de son approbation le projet de règlement que j'ai l'honneur de lui soumettre.

Je suis avec respect,

Sire,

De Votre Majesté,

Le très-humble, très-obéissant serviteur et fidèle sujet,

GUIZOT.

RÈGLEMENT.

Nous, ministre secrétaire d'Etat au département des affaires étrangères;

Vu l'art. 2 de l'ordonnance royale du 26 avril 1845, ainsi conçu :

« Nul ne sera nommé élève-consul s'il n'est âgé de vingt ans au moins et de vingt-cinq ans au plus, et licencié en droit, et s'il n'a été jugé admissible par une commission spéciale ;

« La composition de cette commission, le mode et les conditions de l'examen seront déterminés par un règlement que notre ministre secrétaire d'Etat au département des affaires étrangères soumettra à notre approbation ; »

Voulant pourvoir à l'exécution de cette disposition, avons arrêté et arrêtons ce qui suit :

Article 1er.

L'époque des examens prescrits pour l'admission dans la carrière consulaire, et le nombre des candidats qui pourront être déclarés admissibles, en raison des besoins du service, seront déterminés, tous les deux ans, par un arrêté rendu par nous.

Le cadre des élèves-consuls demeure fixé à quinze, et les trois cinquièmes des postes vacants dans les consulats de seconde classe seront attribués aux élèves-consuls conformément aux dispositions de l'art. 5 de l'ordonnance précitée.

Article 2.

Les aspirants au grade d'élève-consul joindront à la lettre par laquelle ils nous feront connaître leur intention de se présenter à l'examen, leur acte de naissance et le diplôme de licencié en droit.

A partir du mois de novembre 1849, les candidats devront joindre à ce diplôme celui de bachelier ès sciences physiques. Leur demande à fin d'admission et les pièces à l'appui demeureront déposées à la direction commerciale de notre département.

Article 3.

La commission d'examen sera composée des directeurs des travaux politiques, des affaires commerciales et des archives et chancelleries du département des affaires étrangères, du directeur du commerce extérieur au ministère de l'agriculture et du commerce, d'un commissaire général de la marine ou d'un commissaire de première classe désigné par le ministre secrétaire d'Etat de la marine et des colonies, et d'un consul général ou consul de première classe, désigné par nous.

Article 4.

L'examen aura lieu conformément au programme qui demeure annexé au présent arrêté. Il se composera d'une épreuve écrite et d'une épreuve orale. Nul ne sera admis à l'épreuve orale avant d'avoir été déclaré admissible sur l'épreuve écrite.

L'épreuve écrite consistera en une dissertation sur une ou plusieurs des questions principales comprises au programme, et en un exercice de traduction constatant que le candidat possède la langue anglaise et l'une des langues italienne ou espagnole. Il devra faire par écrit une version et un thème, en présence des traducteurs de notre ministère désignés à cet effet.

Il sera tenu compte aux candidats des connaissances qu'ils pourraient posséder dans une ou plusieurs des autres langues vivantes.

L'épreuve orale portera sur toutes les parties du programme, et comportera la traduction d'une pièce écrite en langue étrangère, après lecture de l'original à haute voix.

Fait à l'hôtel des affaires étrangères, le 6 octobre 1847.

GUIZOT.

Approuvé :

LOUIS-PHILIPPE.

Par le Roi :

Le ministre secrétaire d'État des affaires étrangères, président du conseil,

GUIZOT.

RAPPORT

ADRESSÉ

A M. LE MINISTRE DES AFFAIRES ÉTRANGÈRES

PAR LA COMMISSION CHARGÉE DE PRÉPARER LE RÈGLEMENT ET LE PROGRAMME

POUR LES EXAMENS DES ÉLÈVES-CONSULS,

AINSI QUE LE PROGRAMME MÊME,

rédigé par cette commission

ET ADOPTÉ PAR LE MINISTRE.

Monsieur le Ministre,

L'art. 2 de l'ordonnance du 26 avril 1845 concernant l'organisation consulaire est ainsi conçu :

« Nul ne sera nommé élève-consul, s'il n'est âgé de vingt ans au moins et de vingt-cinq ans au plus et licencié en droit, et *s'il n'a été jugé admissible par une commission spéciale.*

« La composition de cette commission, le mode et les conditions de l'examen seront déterminés par un règlement que notre ministre secrétaire d'Etat au département des affaires étrangères soumettra à notre approbation. »

L'exécution de ce dernier paragraphe soulevait des questions nombreuses et délicates. Vous en avez renvoyé l'étude et la discussion à une commission spéciale que vous avez en même temps chargée de vous proposer un projet de règlement.

J'ai l'honneur de vous soumettre aujourd'hui le résultat des travaux de cette commission, et j'espère que les décisions qu'elle a prises obtiendront votre sanction, puisque toutes ont également pour but d'augmenter les garanties de capacité dont l'administration doit pouvoir s'entourer dans chacun de ses choix.

Il est impossible de méconnaître l'insuffisance des épreuves auxquelles ont été soumis jusque dans ces derniers temps les candidats au grade d'élève-consul. La commission s'est efforcée d'y substituer un programme d'examen mieux approprié à l'état général des études comme aux besoins particuliers du service consulaire. L'ancien programme demandait à la fois trop et pas assez; il imposait aux candidats, qu'il me soit permis de le dire, un véritable luxe de science; mais en même temps il passait trop légèrement sur ces connaissances pratiques qui font l'agent capable et le fonctionnaire utile. Les notions essentielles de l'économie politique, l'étude des tarifs et des traités de commerce, celles des questions industrielles occupaient à peine une place au milieu des conditions, d'ailleurs très-étendues, que chaque aspirant devait remplir. Nous avons pensé, monsieur le ministre, qu'il conviendrait au contraire de placer en première ligne ces connaissances spéciales et positives; car ce sont elles qui feront véritablement du corps consulaire ce qu'il doit être sur tous les points du globe, le gardien vigilant et éclairé de nos intérêts commerciaux, industriels ou maritimes. C'est donc de ce côté que le nouveau programme vous a paru devoir porter ses principales exigences; nous nous sommes d'ailleurs efforcés d'établir une juste proportion entre les divers éléments dont il se compose, et de n'exclure aucun de ceux qui doivent essentiellement concourir à la préparation des candidats.

En mettant au nombre des conditions d'admissibilité la production d'un diplôme de licencié en droit, l'ordonnance du 26 avril 1845 nous a permis d'affranchir les candidats de tout examen nouveau sur cette partie de leurs études générales ; nous avons conséquemment laissé le droit, et même le droit commercial, en dehors du programme ; mais en même temps nous avons dû considérer qu'il est bien peu de jeunes gens qui soient pourvus du diplôme de licencié avant leur vingt-deuxième année; et comme cette même ordonnance fixe à vingt-cinq ans l'âge au delà duquel toute nomination d'élève-consul cesse d'être possible, il nous a paru nécessaire que les études spéciales dont les candidats auraient à justifier trouvassent très-largement leur place entre ces deux limites qui nous étaient tracées d'avance.

Les proportions du cadre ainsi déterminées, nous avons soigneusement recherché ce qu'il était indispensable d'y faire entrer. Le titre de chacun des chapitres dont se compose le programme que j'ai l'honneur d'adresser à Votre Excellence indique suffisamment le but que la commission s'est proposé et les motifs qui l'ont guidée.

Elle a cru pouvoir demander, en premier lieu, que chaque candidat possédât deux langues étrangères, savoir : 1° l'anglais ; 2° l'italien ou l'espagnol. Ne pas faire de l'étude spéciale de l'anglais une condition obligatoire, ce serait méconnaître l'importance du rôle qu'il joue aujourd'hui dans toutes les relations commerciales. La langue anglaise peut, d'ailleurs, servir d'introduction à toutes les langues d'origine germanique ; et quoiqu'elle en soit assurément la moins riche, elle en facilite singulièrement l'étude. Quant aux langues d'origine latine, nous pensons qu'au point de vue de l'utilité pratique, l'italien et l'espagnol peuvent être placés sur la même ligne. Les candidats devront être examinés, à leur choix, sur l'un ou l'autre. Dans le cas où ils posséderaient en outre quelque autre langue vivante, nous croyons qu'il sera juste de leur en tenir compte.

La commission a jugé nécessaire, en second lieu, de donner dans le programme une place considérable à tout ce qui concerne l'institution consulaire et son objet, l'organisation des consulats, les attributions, devoirs et fonctions des consuls, leurs relations avec les gouvernements étrangers, leurs rapports avec la marine militaire et la marine marchande, etc. Il serait superflu d'expliquer et de justifier, à cet égard, les vues de la commission.

Elle a pareillement pensé qu'une partie notable de l'examen devait porter sur le droit des gens et sur l'étude approfondie des principes consacrés, soit par les traités généraux, soit par les conventions particulières de navigation et de commerce. Ces importantes questions forment la matière du titre III du programme.

Le titre IV résume les notions fondamentales de l'économie politique. Votre Excellence jugera sans doute que, malgré le soin que nous avons pris de nous maintenir, à cet égard, dans la sphère des idées générales, nous avons atteint, ou peu s'en faut, la limite des exigences auxquelles de jeunes esprits peuvent être raisonnablement soumis.

Les éléments de statistique commerciale forment toute la matière du titre V. Nous avons un moment songé à faire entrer dans cette partie du programme toute une série de questions qui eussent imposé aux candidats l'obligation de certaines connaissances technologiques. Nous n'avons pu méconnaître, en effet, combien il était important qu'un agent consulaire fût en mesure de saisir les divers procédés de fabrication et d'apprécier, au moins dans leurs résultats, les découvertes nouvelles ou les progrès de l'industrie et des arts mécaniques. Nous avons craint, toutefois, de surcharger le programme et de compliquer la tâche des examinateurs et des candidats, alors surtout qu'il nous était possible d'atteindre le but proposé par une autre voie, et nous nous sommes bornés à demander qu'à partir du 1er novembre 1849, les aspirants fussent tenus de joindre au diplôme de licencié en droit celui de bachelier ès sciences physiques. C'est une condition que la plupart d'entre eux seraient probablement en mesure de remplir dès aujourd'hui; nous avons voulu la rendre obligatoire, afin d'assurer une satisfaction suffisante à l'intérêt spécial que je viens d'indiquer.

Tel est, monsieur le ministre, l'ensemble du programme que nous avons résolu de soumettre à votre approbation. Un travail de ce genre, au surplus, doit attendre son complément de la pratique, et ses perfectionnements de l'application même. C'est aux examinateurs qu'il appartient véritablement d'en faire ce qu'il doit être, d'en adoucir les exigences là où il pourrait être sévère, d'en étendre le sens et la portée là où il paraîtrait vague ou défectueux.

Il nous reste maintenant à vous entretenir des déterminations auxquelles la commission s'est arrêtée en ce qui touche la forme et l'époque des examens. Le projet de règlement que j'ai l'honneur de vous adresser a été longuement délibéré par elle; c'est à l'unanimité qu'elle vous en propose l'adoption.

Nous avons pensé, quant au mode, que chaque examen devait se composer d'une épreuve écrite et d'une épreuve orale, et que nul ne devait être admis à l'épreuve orale si l'épreuve écrite n'avait préalablement donné des résultats satisfaisants. L'épreuve écrite se composerait elle-même d'une dissertation sur une ou plusieurs des questions comprises au programme, et d'un double exercice de traduction dans chacune des deux langues étrangères que le candidat doit posséder. Nous pensons que Votre Excellence donnera son assentiment à ces dispositions.

Pour ce qui concerne la composition de la commission d'examen, nous avons supposé, monsieur le ministre, qu'il vous conviendrait d'y appeler, en premier lieu, MM. les directeurs du département des affaires étrangères, et de leur adjoindre le directeur du commerce extérieur au département du commerce et de l'agriculture, l'un de MM. les commissaires généraux de la marine désigné par le secrétaire d'Etat de ce département, ainsi qu'un consul général ou un consul de 1re classe désigné par vous-même. Sur tous ces points, monsieur le ministre, aucune difficulté ne s'est élevée au sein de la commission.

Une seule question a donné lieu à quelques débats : c'est celle de la périodicité des examens. Cette périodicité devait-elle être absolue et indépendante des besoins du service? à quelles époques la commission devait-elle s'assembler? convenait-il de la réunir chaque année? ne valait-il pas mieux mettre entre chaque examen un intervalle de deux ou trois ans? Le nombre des élèves-consuls demeurant fixé à quinze, nous avons dû commencer par nous rendre compte, en moyenne hypothèse, du nombre de vacances qui pouvaient, chaque année, s'opérer sur cette liste. L'art. 5 de l'ordonnance du 26 avril 1845 réserve aux élèves-consuls les trois cinquièmes des postes vacants dans les consulats de 2e classe. Supposer que trois élèves pourront être placés chaque année, c'est aller, sans contredit, jusqu'à l'extrême limite du possible. Il n'y a donc pas nécessité de réunir tous les ans la commission d'examen pour tenir la liste au complet.

Nous avons, en outre, reconnu qu'il pouvait y avoir un inconvénient sérieux à ce que les examens se renouvelassent aussi fréquemment; nous avons craint que les candidats malheureux dans une première épreuve ne s'abandonnassent trop facilement à la pensée d'en tenter une seconde, s'ils l'entrevoyaient comme prochaine : faculté dangereuse, et dont le seul résultat serait de retenir plus longtemps sur le seuil d'une carrière si lente et si étroite des jeunes gens qui n'ont presque aucune chance d'y être admis. Entretenir dans leur esprit des espérances qui doivent les empêcher de porter ailleurs leurs vues et leurs efforts, ce ne serait pas, assurément, leur rendre service ; ce serait presque leur tendre un piége. Il convient donc, à notre avis, de mettre entre les examens un intervalle assez long pour que l'aspirant qui n'a pas réussi renonce de lui-même à se présenter.

Mais quel doit être cet intervalle? faut-il le porter à trois années, comme l'avaient d'abord proposé quelques membres de la commission? Évidemment, il y aurait ici un inconvénient d'une autre nature. Le candidat qui n'aurait terminé ses études de droit qu'après vingt-deux ans (et il en est ainsi pour un grand nombre de jeunes gens) pourrait, dans cette hypothèse, atteindre la limite déjà fixée par l'ordonnance royale, avant d'avoir trouvé l'occasion de paraître devant la commission d'examen. Nous avons dû repousser jusqu'à la possibilité de cette exclusion indirecte qui, par la seule combinaison des époques, frapperait infailliblement un certain nombre de candidats, et nous avons adopté, d'un commun accord, le terme de deux années. Nous pensons que Votre Excellence donnera une entière adhésion aux considérations qui nous ont déterminés.

Indépendamment du projet de règlement et du programme qui doit y être annexé, j'ai l'honneur de transmettre ci-joint à Votre Excellence un troisième travail que la commission a justement considéré comme indispensable; c'est l'index des documents officiels auxquels se réfèrent les programmes d'administration consulaire et de droit des gens.

En remettant entre vos mains ces résultats de ses longs travaux, la commission, dont je suis en ce moment l'interprète, monsieur le ministre, s'estimerait heureuse d'avoir pu répondre entièrement à vos intentions et à la pensée qui a dicté l'ordonnance du 26 avril 1845. Pour moi, je conserverai toujours un souvenir reconnaissant de l'honneur que vous m'avez fait en m'appelant à la présider et de tous mes rapports avec les hommes éminents dont vous l'aviez composée.

Agréez, monsieur le ministre, l'hommage de la haute considération avec laquelle j'ai l'honneur d'être,

De Votre Excellence,

Le très-humble et très-obéissant serviteur,

Baron DE BUSSIERRE.

PROGRAMME GÉNÉRAL

D'EXAMEN

POUR LES CANDIDATS

AU GRADE D'ÉLÈVE-CONSUL.

Nota.

Afin de faciliter aux candidats l'étude des matières auxquelles se rapporte le programme d'administration consulaire, il a été formé un index des documents officiels spéciaux où se rencontrent la plupart des dispositions obligatoires que les consuls ont actuellement besoin de connaître pour exercer leurs fonctions. Les numéros d'ordre de l'index cités à la suite d'une catégorie de questions rappellent les documents plus particulièrement relatifs aux matières comprises dans cette catégorie, sans qu'on en doive inférer qu'ils soient les seuls à consulter.

Quant aux traités cités dans l'index, ils offrent de plus aux candidats une partie notable des matériaux dont ils ont à se servir pour se préparer à l'examen sur le droit des gens.

L'examen roulera sur les langues étrangères, sur l'administration consulaire, sur le droit des gens, sur l'économie politique, sur la technologie et la statistique commerciales, conformément aux cinq programmes suivants :

I.

PROGRAMME DE L'EXAMEN SUR LES LANGUES ÉTRANGÈRES.

1° Tout candidat doit faire la preuve qu'il possède deux langues, savoir : 1° l'anglais; 2° l'italien ou l'espagnol.

2° Si pourtant un candidat a déclaré qu'il possède une ou plusieurs autres langues vivantes, et s'il en justifie par l'examen, il lui sera tenu compte de ce résultat.

3° L'examen, pour chaque langue, consistera dans les deux épreuves suivantes :

1° Faire par écrit une version et un thème, en présence de la personne déléguée à cet effet;

2° Faire, en présence de la commission d'examen, la traduction orale d'une pièce écrite en langue étrangère, en lisant l'original à haute voix.

4° Les morceaux à traduire seront désignés, en temps opportun, par la commission d'examen.

II.

PROGRAMME DES QUESTIONS D'ADMINISTRATION CONSULAIRE.

TITRE Ier.

De l'Institution consulaire française.

(*Index* : Nos 1, 2, 3, 4, 24, 25, 26, 29, 31, 32, 36, 44, 50, 51, 52, 54, 125 à 129, 131 à 146, 148, 151, 168, 171, 212, 217, 249, 250, 254, 257, 279 à 302.)

Nos d'ordre des progr. 2 et 3.

Objet de l'Institution.

1. — 1. Comment elle se distingue de la mission diplomatique en ce qui concerne :

1° Le consentement du gouvernement étranger auprès duquel le consul est accrédité ;

2° La nature de ses fonctions politiques;

3° Les attributions spéciales à la charge de consul.

2. — 2. L'autorité et la protection de notre Gouvernement et de nos lois suivent les Français et leurs intérêts en pays étrangers. — Limites que rencontre cette action de la puissance française. — Modifications qui en résultent dans la manière dont notre institution consulaire fonctionne dans chaque pays. — Pays où cette institution fonctionne avec le plus de latitude. — Utilité de l'influence morale.

3. — 3. Comment cette institution est mise à profit pour éclairer les peuples étrangers en ce qui touche la France, et réciproquement la France en ce qui touche chaque pays étranger 1° par la manière dont elle fonctionne au milieu de ces peuples; 2° par les informations réciproques auxquelles le consulat sert d'intermédiaire.

4. — 4. Uniformité des attributions conférées à chaque consul par le fait de sa charge. — Diversités pratiques selon le lieu où chacun d'eux les exerce.

Attributions consulaires.

5. — 5. Le consul étant chef unique de service dans son consulat, ses attributions appartiennent à trois ordres distincts de fonctions : — d'où dérivent ses fonctions politiques ; — — objet de ses fonctions administratives ; — objet de ses fonctions judiciaires.

6. — 6. Établissement des chancelleries comme conséquence des fonctions consulaires.

TITRE II.

Organisation consulaire à l'extérieur.

(*Index* : Nos 3, 24, 28, 63, 76, 100, 126, 127, 131, 138, 139, 152, 249, 250.)

Circonscriptions consulaires.

7. — 1. Consulats particuliers. — Consulats généraux. — Postes consulaires ; etendue du ressort de chaque poste ;

subdivisions du ressort d'un consulat particulier ; subdivisions du ressort d'un consulat général ; — cas où une légation fait office de consulat général. — Comment l'ensemble des postes consulaires français dans un même pays forme un seul établissement consulaire (en entendant par pays la totalité des territoires placés sous l'autorité souveraine ou la direction politique d'un même gouvernement). — Quel est le ressort d'une chancellerie ; ses succursales.

8. — 2. Règles relatives à la détermination de chaque ressort consulaire et de chaque subdivision d'un ressort : 1° en ce qui dépend du Gouvernement du Roi ; 2° en ce qui dépend du gouvernement étranger.

Personnel de l'administration consulaire extérieure.

9. — 3. Dans quelles attributions est placé le personnel des consulats.

10. — 4. Titulaires des charges et emplois. — Composition du corps consulaire. — Officiers et employés de consulat : 1° chanceliers en titre et commis de chancellerie ; 2° drogmans, élèves, interprètes auxiliaires ; 3° censaux ou courtiers. — Agents consulaires rétribués et non rétribués. — Curés et chapelains recevant un traitement. — Conditions d'admissibilité aux grades du corps consulaire et du drogmanat et aux emplois de chancelier et d'agent consulaire.

11. — 5. Intérimaires, suppléants et délégués. — Cas dans lesquels un consul est remplacé, suppléé ou représenté, c'est-à-dire, 1° cas où il y a lieu à gérance ; comment on devient gérant et comment on cesse de l'être ; 2° dans quels cas et par qui le consul est suppléé ou représenté. — Agents consulaires : 1° par intérim ; 2° provisoires. Comment on le devient et comment on cesse de l'être. —

Chanceliers : 1° provisoires; 2° par intérim ; 3° en empêchement. — Remplacement temporaire des autres employés d'un consulat. — Occasions où les intérimaires suppléants et délégués prêtent serment ; obligation, lorsqu'ils signent, de rappeler leur qualité. — Aptitude de l'élève consul à remplir les fonctions d'intérimaire, de suppléant, et de délégué.

12. — 6. Auxiliaires de l'administration d'un consulat, c'est-à-dire personnes qui lui prêtent leur concours sans y être attachées commes officiers ou comme employés.

TITRE III.

Service consulaire en Turquie, en Egypte et en Barbarie.

CHAPITRE PREMIER.

Administration d'un consulat.

(*Index :* N°s 1, 2, 3, 4, 24, 25, 44, 54, 63, 76, 120, 126, 131, 161, 162, 249, 250.)

13. — 1. Définition générale de ce qui constitue l'administration d'un consulat.

14. — 2. Devoirs généraux du chef de cette administration en ce qui concerne les personnes placées sous ses ordres ou sous son contrôle, soit par rapport au service de son consulat, soit à l'égard du ministre, soit envers ces personnes elles-mêmes, soit par rapport à ses administrés, en ce qui concerne particulièrement : 1° sa chancellerie ; 2° les drogmans et interprètes ; 3° l'élève consul ; 4° les employés secondaires ; 5° les agences consulaires.

15. — 3. Devoirs généraux du consul comme chef de la colonie française — sous le rapport de la protection et de l'assistance dues aux personnes et aux intérêts pour ce qui touche à la tranquillité ou à la sûreté de la colonie;

— En ce qui concerne les obligations à remplir par les divers membres de cette colonie; — en ce qui regarde les établissements possédés.

16. — 4. Devoirs généraux du consul en ce qui concerne les étrangers protégés.

17. — 5. Devoirs généraux du consul envers la religion catholique; — soit du point de vue de la protection due aux droits et intérêts de la religion et du clergé; — soit du point de vue de la surveillance à exercer tant sur la conduite du clergé séculier ou régulier, que pour l'observation des règles extérieures à suivre dans l'exercice du culte; — soit en ce qui concerne les églises, couvents et autres établissements religieux.

18. — 6. Devoirs généraux du consul en ce qui concerne les établissements possédés ou entretenus, ou subventionnés par l'Etat.

19. — 7. Outre les devoirs ci-dessus qu'il a à remplir dans l'arrondissement dont il est le chef immédiat, le consul général a des devoirs généraux à remplir : — par rapport aux consulats particuliers compris dans son département; — par rapport à la mission diplomatique; — à l'égard du Gouvernement du Roi. — Enumérer ces devoirs.

CHAPITRE II.

Fonctions politiques.

(*Index* : Nos 3, 4, 24, 29, 44, 54, 120, 142, 148, 150, 219, 247, 279 à 329.)

20. — 1. Protection des droits et intérêts des particuliers vis-à-vis des autorités du pays et des agents des puissances tierces. — Soin de faire respecter le Gouvernement du Roi, le pavillon français et les droits de la France. — Maintien des droits, fonctions, attributions et prérogatives

qui lui appartiennent, ainsi qu'aux personnes agissant pour le service de la France. — Bases des droits de la France, de ceux des particuliers et des siens propres à l'égard du pays étranger.

21. — 2. Démarches auprès des autorités locales compétentes but et nature de ces démarches. — Démarches auprès des agents des puissances tierces, but et nature de ces démarches. — Mesures politiques diverses. — Cas extrêmes. — Relations entre sa chancellerie et celles des consulats étrangers.

22. — 3. Objets des communications politiques du consul : avec le ministre des affaires étrangères; avec la mission diplomatique et le consul général dont il relève; avec les autres agents diplomatiques et consulaires de France, ainsi qu'avec les commandants de nos forces de terre et de mer, ou concours à leur prêter.

23. — 4. Règles de conduite générales ou particulières, positives ou d'induction, résultant soit d'actes ou documents publics, soit d'instructions écrites ou verbales, soit des mœurs, usages et traditions, soit des maximes des publicistes. — Appréciation des circonstances et des moyens.

24. — 5. Fonctions politiques du consul dans ses rapports avec la marine commerciale. — Cas où il y a lieu à l'intervention de la police ou de la justice locale au sujet de voies de fait, délits ou crimes commis à bord d'un navire français; démarches à faire quand la juridiction appartient à l'autorité locale. — Démarches au sujet des déserteurs. — Démarches quand les navires français sont retenus ou séquestrés par l'autorité étrangère. — Naufrage ou échouement; rapports avec l'autorité locale, selon que le consul peut ou non donner exclusivement des ordres pour le sauvetage ; secours et direction des sauvetages ;

mesures en cas de décès; assistance de la force publique; avis sanitaires; démarches relatives aux taxes; fixation des frais; réclamations et protestations. — Armements en course et prises; communications à faire; réclamations, protestations. — Douanes étrangères; surveillance spéciale quant à l'application des tarifs; avis à donner à ce sujet au Gouvernement du Roi, aux capitaines et au commerce. — Assistance aux parties intéressées.

25. — 6. Fonctions politiques des consuls en ce qui concerne la marine militaire. — Démarches auprès des autorités locales à l'arrivée d'un bâtiment du Roi; honneurs à rendre à la place. — Démarches au sujet des déserteurs. — Démarches au sujet d'ancres ou autres objets abandonnés par un bâtiment de l'Etat, ou provenant de naufrage. — Cas d'appel aux forces navales. — Démarches relatives aux prises amenées en temps de guerre par les bâtiments du Roi.

CHAPITRE III.

Fonctions administratives.

Relations des consuls avec les départements ministériels et avec les fonctionnaires, administrations ou institutions qui en dépendent, ou avec les particuliers qui ne sont pas au nombre de leurs administrés.

(*Index :* Nos 59, 62, 110, 113, 125, 134, 178, 179, 181, 184, 186, 211, 247, 270.)

26. — 1. Ministres avec lesquels le consul a des relations officielles directes. — Règles quant à la forme ou à la conservation de la correspondance et des documents. — Division de la correspondance d'après l'organisation centrale du ministère des affaires étrangères et de celui de la marine. — Relations avec les autres départements ministé-

riels. — Mode de payement et de recouvrement des sommes à verser ou à recevoir par le consul.

27. — 2. Relations officielles d'un consul avec la mission diplomatique et avec le consul général. — Position du consul à l'égard de l'une et de l'autre.

28. — 3. Relations officielles avec les autres consuls et les agents des autres consulats. — Relations avec des personnes accréditées ou recommandées par le ministre des affaires étrangères, comme chargées d'une mission spéciale.

29. — 4. Relations officielles avec les diverses missions diplomatiques françaises :

1° Pour affaires du service consulaire;

2° Pour des communications politiques à faire ou à demander.

30. — 5. Fonctionnaires de la marine avec lesquels le consul a des relations officielles, 1° habituellement; 2° dans des cas particuliers. — Personnes accréditées par le ministre de la marine comme chargées de missions spéciales.

31. — 6. Relations officielles 1° avec des fonctionnaires qui n'appartiennent ni au ministère des affaires étrangères ni à celui de la marine; — 2° avec les chambres de commerce. — Transmission des pétitions adressées par ses administrés à des administrations ou fonctionnaires en France.

32. — 7. Relations officielles du consul avec les particuliers qui ne sont ni en résidence ni de passage dans son consulat, 1° s'ils se trouvent en France; dans quel cas il en a de directes; 2° s'ils se trouvent à l'étranger. — Procurations en blanc adressées au consul.

33 — 8. Relations semi-officielles. — Relations confidentielles. — Billets et notes d'un caractère privé.

État civil des Français.

(*Index* : Nos 67, 68, 71, 90, 135, 170.)

34. — 1. Compétence du consul pour faire les fonctions d'officier de l'état civil à l'égard des Français en résidence ou de passage dans le consulat.

— Règles à suivre dans l'exercice de ces fonctions. — Cas où ces fonctions peuvent être remplies dans un consulat par un autre que le titulaire. — Actes concernant les Français, reçus selon la loi du pays ; conditions de validité ; transcription sur les registres du consulat.

35. — 2. Rôle de la chancellerie en ce qui concerne l'état civil des Français en résidence ou de passage.

36. — 3. Formalités relatives aux actes de l'état civil concernant des Français : 1° lorsqu'ils sont déposés par les capitaines de commerce ; 2° lorsqu'il est remis au consul par les autorités locales des expéditions authentiques d'actes reçus selon la loi du pays.

37. — 4. Dispenses d'âge ou de publication.

38. — 5. Transmission en France des actes ainsi dressés ou déposés ou remis au consulat. — Usage en France des expéditions ainsi transmises.

Rapports avec la marine militaire.

(*Index* : Nos 5, 13, 14, 15, 16, 20, 27, 50, 61, 73, 75, 78, 90, 104, 142, 143, 147, 149, 169, 176, 177, 199, 200, 201, 212, 220, 240, 254, 257.)

39. — 1. Premiers soins à prendre et premiers avis à donner par le consul à l'arrivée d'un bâtiment du Roi. — Renseignements à échanger entre le consul et l'officier commandant. — Visites officielles à échanger.

40. — 2. Intervention officieuse du consul dans les opérations

relatives au ravitaillement et aux réparations. — Entente au sujet du droit de police sur les navires du commerce. — Soins à prendre et avances à faire par le consul au sujet des déserteurs. — Demande de passage pour des personnes tierces.

41. — 3. Formalités à remplir par le consul et l'officier commandant l'un envers l'autre et envers leurs supérieurs en cas d'appel aux forces navales.

42. — 4. Mesures et avances relatives aux marins malades laissés à terre. — Mesures relatives aux objets provenant d'un bâtiment de guerre pour cause d'abandon, naufrage ou innavigabilité.

43. — 5. Besoins des navires capturés comme pirates ou négriers et amenés par un officier conducteur. — Mesures relatives au cas d'innavigabilité desdits navires, et au produit des ventes.

44. — 6. Cas où le consul fait les fonctions d'administrateur de la marine à l'égard des prises amenées en temps de guerre par un bâtiment du Roi; — besoins de la prise; — procédure; — mesures relatives à la conservation des objets et au cas de vente.

Rapports avec la marine commerciale.

(*Index* : Nos 5, 6, 7, 8, 9, 10, 11, 12, 13, 14, 15, 17, 18, 19, 20, 28, 29, 30 à 32, 34 à 38, 40, 45, 46, 48, 55, 56, 60, 61, 64, 90, 96, 101, 102, 104, 116, 121, 122, 123, 124, 138, 140, 143, 160, 161, 162, 167, 169, 172, 175, 182, 183, 188, 189, 193, 197, 198, 202, 203, 218, 221, 222, 235, 236, 239, 244, 245, 248, 251, 256, 258, 264, 266, 268, 271, 274.—(*Voir* aussi les numéros portés sous la rubrique : POLICE SANITAIRE.)

45. — 1. Devoirs du consul en ce qui concerne : — l'emploi du pavillon, — la prohibition d'importer en France

des navires de construction étrangère, — les moyens d'empêcher la jouissance abusive des priviléges de la nationalité, — les congés en blancs, — les fraudes qui peuvent être pratiquées dans un consulat, au préjudice de nos douanes ou d'intéressés absents, notamment des propriétaires, armateurs, chargeurs, assureurs, etc., — les pêches lointaines, — la répression de la traite des noirs, — les prohibitions relatives au commerce des esclaves et au transport de personnes vendues ou destinées à l'être, — les registres d'ordre et relevés relatifs aux navires français entrés et sortis.

46. — 2. Précautions relatives à l'arrivée des navires. — Rapports des capitaines à leur arrivée, et autres pièces à remettre en même temps par eux. — Formalités en cas de relâche. — Formalités à l'arrivée devant le consul, faisant fonctions d'intendant de la santé, là où il n'existe point d'autorité locale compétente. — Procès-verbaux dressés pendant le voyage, à déposer au consulat ; mesures à prendre par le consul, en cas de crimes ou délits commis à bord pendant ce temps. — Formalités à remplir en cas de décès survenus à bord pendant le voyage. — Rapports et pièces à produire par le capitaine, en cas de capture, de pillage, d'abandon ou de vente du navire, en cours de voyage ; avis à donner par le consul, en cas de pillage. — Cas où le capitaine ne se présente pas. — Mesures d'inspection.

47. — 3. Police sur les navires pendant leur séjour. — Contestations entre les capitaines et leurs équipages ou les passagers. — Engagement de gens de mer, en voyage et depuis l'arrivée. — Conduite des capitaines. — Crimes ou délits commis pendant le séjour ; 1° à bord, envers un homme du navire ou d'un autre navire français ; 2° à bord ou hors du navire envers d'autres personnes. —

Débarquement de gens de mer. — Payements d'à-comptes et avances aux gens de mer. — Déserteurs. — Remplacement du capitaine. — Mesures en cas 1° de ventes; 2° de démolition ou destruction; 3° de désarmement d'un navire; avis à donner; marins étrangers. — Secours aux marins français et rapatriement. — Décès d'un marin français, 1° à terre ou dans le port; 2° en rade. — Mesures relatives à la succession.

48. — 4. Formalités au départ d'un navire; visite, mesures d'inspection, expédition, avis à donner; malades laissés à terre; passagers par ordre du consul; correspondance et papiers envoyés par les consuls; marins absents.

49. — 5. Bris, naufrage et échouement : Premières formalités à remplir par le capitaine. — Premières mesures à prendre par le consul; par l'agent consulaire. — Documents recueillis. — Procédure préliminaire. — Recherches des causes de naufrage ou d'échouement; mesures relatives au sauvetage. — Avis à donner. — Remise de la direction du sauvetage ou des objets sauvés à un fondé de pouvoirs; refus de remise. — Précautions sanitaires. — Mesures relatives à l'échouement sans bris. — Fixation et payement des frais de sauvetage. — Ventes d'objets sauvés appartenant au navire ou au chargement; interdiction concernant les consuls et les chanceliers. — Avances à faire par le consul et mode de remboursement. — Frais à allouer au consul et au chancelier. — Comptabilité et remises.

50. — 6. Armements en course et prises. — Autorisation d'armement. — Lettres de marque. — Débarquement des prisonniers. — Procédure des prises, compétence, assesseurs. — Déchargement, manutention, vente et liquidation. — Rétribution sur le produit des prises en faveur du consul. — Transmission des pièces d'instruction au

conseil des prises (comité du contentieux du conseil d'État). — Envoi des pièces nécessaires à la liquidation des prises. — Intervention relative au ravitaillement des prises. — Défenses faites aux consuls relativement aux armements et aux objets provenant des prises.

Police sanitaire.

(*Index* : Nos 33, 47, 50, 58, 65, 69, 70, 72, 74, 82, 83, 92, 94, 97, 98, 105, 106, 107, 108, 109, 117, 118, 155, 159, 163, 166, 205, 205, 206, 207, 214, 215, 224, 227, 237, 241, 242, 243, 262, 273, 275, 278.)

51. — 1. Informations que le consul doit posséder. — Rédaction des patentes. — Formalités et précautions. — Renseignements et avis à donner ; de quelle espèce ; à qui.

52. — 2. Distinction entre les mesures prises : contre la peste, contre la fièvre jaune, contre les autres maladies qui donnent lieu à des précautions sanitaires.

Rapports spéciaux avec les militaires français en résidence ou de passage dans le consulat.

(*Index* : Nos 57, 114, 115, 130, 185, 187.)

53. — 1. Secours et rapatriement ; comptabilité ; remboursement.

54. — 2. Formalités relatives à la jouissance des pensions militaires.

55. — 3. Engagements militaires.

Actes divers.

(*Index* : Nos 22, 23, 49, 119, 130, 137, 141, 167, 222, 228, 248, 276, 277.)

56. — 1. Objet des légalisations. — Légalisation par le consul : de signatures publiques ; de signatures privées ; de la

signature du chancelier, des officiers du consulat et des agents consulaires. — Légalisations données : par le chancelier ou par d'autres personnes, remplaçant, suppléant ou représentant le consul ; par les agents consulaires. — Légalisations nécessaires sur les pièces présentées au consul pour qu'il les reconnaisse comme authentiques.

57. — 2. Objet des certificats de vie. — Pensions civiles et militaires et rentes viagères sur l'État. — Droits d'une autre espèce.

58. — 3. Objet des certificats d'origine. — Règles à suivre pour les délivrer.

59. — 4. Entremise des consuls pour les significations judiciaires ; cas où elle est employée ; formalités.

Renseignements, envois et achats.

(*Index* : 26, 29, 36, 39, 41, 42, 43, 48, 53, 66, 79, 80, 81, 84, 85, 86, 87, 88, 89, 91, 93, 95, 96, 99, 101, 133, 164, 166, 172, 176, 177, 194, 195, 199, 200, 204, 209, 210, 213, 216, 219, 225, 226, 230, 232, 235, 236, 238, 246, 252, 253, 255, 259, 260, 261, 263, 265, 267, 269, 271, 272, 274.)

60. — 1. Nature des renseignements pour lesquels les consulats servent d'intermédiaires. — Travaux statistiques préparés au consulat : 1° ordinaires : sujets et rédaction ; 2° extraordinaires : sujets et rédaction. — Mémoire annuel composé par le consul : objets à traiter ; méthode.

61. — 2. Envois de documents et d'objets obtenus gratuitement ou à prix d'argent ou par voie d'échange, savoir : 1° principaux documents ; 2° principaux objets.

62. — 3. Documents envoyés aux consuls : 1° pour les archives du consulat ; 2° pour être remis aux capitaines ou

pour être communiqués aux Français ou autres personnes intéressées; 3° pour être remis aux autorités locales bénévolement ou à titre d'échange, ou aux consulats étrangers.

Dépôts d'argent ou autres valeurs.

(*Index* : N° 136, 141, 152, 154, 174, 190, 233.)

63. — 1. Objets reçus en dépôt dans la chancellerie. — Comment ils sont gardés. — Formalités à la réception et à la sortie. — Comptabilité. — Définir la responsabilité du consul et celle du chancelier.

64. — 2. États de dépôts. — Envoi en France des valeurs déposées ou de leur produit.

Frais de service.

(*Index* : N° 191, 192.)

65. — 1. Dépenses comprises sous le nom de frais de service; frais ordinaires; frais extraordinaires.

66. — 2. Comptabilité. — Remboursement.

Comptabilité des recettes et dépenses.

(*Index* : N° 31, 32, 51, 128, 129, 132, 136, 141, 146, 152, 154, 157, 161, 162, 173, 174, 185, 190, 191, 192, 212, 217, 218, 220, 231, 233, 251, 254, 257.)

67. — 1. Recettes et dépenses dont le consulat est comptable conformément aux règles de la comptabilité publique. — Rôle de la chancellerie. — Rôle et responsabilité du consul. — Opérations et responsabilité de l'agent consulaire.

68. — 2. En quoi consistent les recettes et dépenses en nature; comment il en est rendu compte.

69. — 3. Énumérer 1° les diverses sortes de recettes en espèces ou signes monétaires; 2° les diverses sortes de dé-

penses (emplois de deniers ou avances). — Opérations ; comptabilité ; recouvrements.

69 *bis*. — 4. Intervention du consul dans des opérations de recettes ou de dépenses qui ne se font point par l'entremise du consulat.

CHAPITRE IV.

Juridiction consulaire.

(*Index* : Nos 1, 2, 21, 49, 111, 112, 137, 140, 141, 144, 145, 148, 151, 153, 163, 168, 171, 223, 229, 234, 269.)

70. — 1. Bases politiques et législatives de la juridiction consulaire telle qu'elle est exercée au Levant et en Barbarie. — Nature et étendue de cette juridiction. — Rôle de la chancellerie et du chancelier. — Compétence des intérimaires, suppléants, et délégués. — Moyens d'exécution.

71. — 2. Juridiction civile. — Sa nature. — Composition du tribunal et tenue des audiences. — Règles de la procédure : pour l'instruction et le jugement ; pour l'exécution des jugements ; pour l'appel. — Dispositions légales et usages d'après lesquels doivent être jugées au fond : 1° les questions de compétence ; 2° les causes civiles ; 3° les causes commerciales. — Énumération des attributions judiciaires diverses exercées par le consul en dehors de l'instruction et du jugement des causes ; usages et dispositions sur lesquels il se règle ; actes auxquels les dispositions de l'instruction royale du 29 novembre 1833 sont applicables en Levant et en Barbarie ; protection des intérêts des absents.

72. — 3. Juridiction criminelle. — Sa nature : quant aux justiciables ; quant aux contraventions et délits ; quant aux crimes. — Contraventions et délits : 1° composition du tribunal et tenue des audiences ; procédure pour l'instruction et le jugement ; manière de procéder des agents

consulaires ; peines ; 2° appel : cas où il peut avoir lieu ; devant quel tribunal ; formalités à remplir dans le consulat ; procédure devant la cour royale d'Aix. — Intervention du procureur général.

— Crimes : poursuites. — Procédure : de prime abord ; en cours d'instruction correctionnelle ou de simple police ; sur décision des juges d'appel ; peines. — Droits de la partie civile. — Règles concernant les témoins. — Recours en cassation.

73. — 4. Procédures particulières tenant aux rapports des consuls avec la marine commerciale. — Compétence en fait de règlement d'avaries communes ; manière d'y procéder. — Autorisation d'emprunts à la grosse ; visa ou approbation. — Jugement des contestations entre les capitaines et leurs passagers.

74. — 5. Police du consulat. — Personnes sur qui elle s'étend. — Droit de prendre des mesures et arrêtés de police, seul ou en commun avec les autorités locales et les consuls étrangers. — Immatriculation, jouissance du droit de protection. — Mesures de contrainte. — Lieux surveillés. — Mesures relatives au culte, aux décès et à la salubrité. — Police commerciale. — Passe-ports.

CHAPITRE V.

Devoirs et fonctions des élèves-consuls, chanceliers, drogmans, agents consulaires, missionnaires et ecclésiastiques.

(*Index* : Nos 1, 2, 3, 4, 24, 25, 63, 126, 128, 129, 131, 132, 136, 138, 146, 151, 156, 157, 168, 171, 173, 174, 190, 231, 233, 249. — Voyez aussi le nota à la fin de l'*Index*.)

Élèves-consuls.

75. — 1. Nature de leur service auprès du consul. — Fonctions qu'ils sont aptes à remplir. — Leurs obligations envers le consul. — Leurs études comme élèves.

Chanceliers.

76. — 2. Des fonctions du chancelier comme secrétaire administratif, comme greffier, comme huissier, comme receveur et gardien des dépôts, comme conservateur des archives du consulat et du mobilier de son office, comme spécialement chargé des fonctions notariales. — Opérations de son ministère. — Registres et minutes. — Copies authentiques. — Traductions. — Etats officiels. — Pièces à délivrer. — Rapports avec la marine commerciale. — Ecritures judiciaires. — Etat civil. — Formules et traditions. — Protestations contre les consuls.

77. — 3. De la chancellerie en elle-même. — Local et matériel. — Rapports avec le consul. — Rapports avec le public. — Service intérieur.

78. — 4. Droits de chancellerie. — Actes taxés : 1° tarif général; divisions de la nomenclature; taxations; catégories; application; tarifs annexes; 2° perceptions, où versées et pour quel compte; débiteurs des taxes; exemptions; dépenses; affectation des recettes; droits personnels du chancelier; salaires des commis; comptabilité. — Actes et écritures non taxés.

Drogmans, interprètes.

79. — 5. Interprétation orale. — Traduction. — Devoirs envers le consul. — Devoirs spéciaux quant à leurs rapports avec les autorités et les particuliers. — Répartition des travaux.

Agents consulaires.

80. — 6. Position d'un agent à l'égard du consul. — Limites de ses fonctions selon qu'il est ou n'est pas rétribué. — Droits de chancellerie; affectation des recettes; comptabilité.

Missionnaires et ecclésiastiques.

81. — 7. Leurs obligations en ce qui concerne : les mariages; les affaires du pays; leur conduite personnelle; le service du culte; les acquisitions.

TITRE IV.

Service consulaire en pays de chrétienté.

(*Index :* Nos 1, 2, 3, 4, 65 (instruction y mentionnée), 112, 125, 134, 137, 141, 142, 143, 144, 145, 146, 148, 151, 163, 223, 234, 247, 249, et généralement tous les numéros cités au chapitre III du titre III. — Voir en outre les numéros relatifs aux traités.)

Fonctions politiques.

82. — 1. Bases des droits de la France, de ses agents et des particuliers à l'égard des pays de chrétienté. — Caractères communs par lesquels ces bases diffèrent de celles qui existent en Levant, en Barbarie et en Chine; juridiction territoriale; réciprocité; non-exterritorialité des maisons consulaires; rapports des mœurs, usages et coutumes de ces pays avec les nôtres. — Causes générales des différences d'un pays chrétien à l'autre, et d'une époque à l'autre dans un même pays. — Influence sur les rapports avec les autorités locales. — Devoirs du consul en cas de variations, résultant de la législation locale, dans la nature et l'étendue de ses facultés.

83. — 2. Démarches auprès des autorités locales, et en particulier auprès des douanes étrangères. — Passe-ports et immatriculations. — Intervention en faveur des personnes et des intérêts des Français auprès des tribunaux et des autorités locales.

84. — 3. Correspondance politique avec le Gouvernement du Roi et avec nos missions diplomatiques et nos consulats ; avec les commandants de nos forces et les autorités du royaume ou de nos colonies.

Fonctions judiciaires.

85. — 4. Bases politiques et législatives de la juridiction consulaire en pays de chrétienté. — Raisons générales des règles posées à cet égard par le Gouvernement du Roi. — Interdiction de faire aucun acte de juridiction criminelle ou correctionnelle, même du ressort de la police judiciaire ; cas exceptionnel en ce qui concerne les navires français.

86. — 5. Juridiction civile et commerciale : contentieux ; règles générales à suivre jusqu'à ce qu'il y ait une loi spéciale. — Contestations entre les capitaines, les passagers et les équipages. — Conciliations. — Justice arbitrale ; extension de compétence ; formes ; exécution. — Commissions rogatoires ; actes conservatoires et attributions judiciaires diverses. — Interdiction relative aux mandats ou procurations ; manière de procéder à l'égard des testaments à ouvrir.

Fonctions administratives.

87. — 6. Généralement les mêmes qu'en Levant et en Barbarie ; modifications spéciales à certains pays ; indiquer de quoi celles-ci résultent ; quelles sont les principales.

88. — 7. Officiers du consulat : modifications dans le personnel des consulats en raison de celles apportées aux fonctions consulaires ; conséquences en ce qui concerne les fonctions du chancelier.

89. — 8. Résultats généraux : — quant à la pratique des fonctions consulaires dans les pays de chrétienté ; — quant à la composition, aux droits et aux devoirs de la colonie française dans chacun d'eux.

TITRE V.

Prérogatives, étiquettes, privilèges.

(*Index* : Nos 3, 4, 24, 126, 131, 139, 143, 147, 149. — Voir les numéros relatifs aux traités.)

90. — 1. Uniformes. — Rang des membres du corps consulaire et des officiers du consulat. — Passage à bord des bâtiments de l'État.

91. — 2. Étiquette internationale ou entre Français. — Utilité de l'observer. — Indication des règles officiellement établies soit par des actes réglementaires, soit par des conventions. — Étude des usages.

92. — 3. Privilèges. — Leurs motifs. — Bases législatives et diplomatiques. — Droit d'exterritorialité; dans quels pays. — Usage du pavillon français et des armes de France. — Immunités personnelles. — Immunités relatives aux lieux et aux objets. — Protection spéciale pendant le voyage d'aller et de retour.

TITRE VI.

Prise de possession.

(*Index* : Nos 3, 4, 24, 125, 134. — Voir aussi les numéros relatifs aux traités.)

93. — Exequatur : objet; demande; présentation. — Formalités relatives à la remise des affaires. — Visites et cérémonial à l'arrivée.

TITRE VII.

Devoirs généraux et responsabilité.

(*Index* : Nos 3, 4, 24, 120, 126, 131, 136, 141.)

94. — Défenses communes faites aux consuls de tout grade, aux drogmans et aux chanceliers, et pénalités. — Péna-

lités en cas d'insubordination de la part des élèves et officiers du consulat. — Congés. — Responsabilité des consuls, chanceliers et drogmans, pour fait de leurs fonctions : envers le Gouvernement ; envers l'État ; envers les particuliers ; selon la fonction auquel ce fait appartient.

III.

PROGRAMME DES QUESTIONS DE DROIT DES GENS.

CHAPITRE Ier.

Définitions générales.

95. — 1. Définition sommaire de ce qu'on entend — par droit des gens naturel, — par droit des gens positif, — par droit public d'une nation, — par droit public de l'Europe, — par droit maritime.

96. — 2. Droit maritime international : — Définition sommaire — de la liberté des mers ; principes généraux sur lesquels elle est fondée, — ce qu'on entend par mer territoriale, — nationalité des navires du commerce ; nature des conditions d'usage ; nature des pièces probantes. — Droit de visite ; dans quel cas l'exercice en est autorisé ; ce qu'on entend par contrebande de guerre. — Blocus ; principes de la France ; conséquences que peut avoir la violation d'un blocus. — Course maritime ; définition ; dans quels cas elle est autorisée ; nature des conditions qui lui donnent un caractère légitime. — Piraterie ; définition ; principes admis quant à la répression de la piraterie.

97. — 3. Objet des missions diplomatiques permanentes ou temporaires. — Composition du personnel de ces missions. — Objet des congrès ; leur composition. — Principaux objets en vue desquels ont été faits les traités modernes.

CHAPITRE II.

Traités conclus par la France, concernant : le commerce et la navigation ; la transmission des correspondances et imprimés ; la protection de la propriété littéraire et artistique ; la traite des noirs.

PREMIÈRE SECTION.

Traités de commerce et de navigation.

(*Index :* Nos 279 à 302.)

Nota. Il n'est question ici que de ceux insérés au *Bulletin des lois.*

Traités avec les pays de chrétienté, savoir : 1° avec les États limitrophes de la France ; 2° avec les autres États européens ; 3° avec les États transatlantiques.

Traités avec les États non chrétiens, savoir : 1° avec l'empire ottoman, la régence de Tunis et l'empire du Maroc ; 2° avec la Chine et l'iman de Mascate.

Le candidat donnera une explication sommaire du régime résultant de chacun des traités qui lui seront désignés en ce qui concerne :

98. — 1. La durée du traité et la manière dont il cesse d'être en vigueur ou dont il peut être augmenté ou modifié ; les garanties générales (telles que celle de la réciprocité, du traitement national, du traitement de la nation la plus favorisée, etc., etc.) que se donnent les parties contractantes touchant leurs relations mutuelles et leurs relations actuelles ou à venir avec les pays tiers, ainsi que les réserves relatives à ces garanties.

99. — 2. Les droits, priviléges et devoirs habituels des sujets d'une des parties contractantes en résidence ou de passage dans les États de l'autre : Quant à leurs personnes. — Quant à leurs affaires et propriétés et à la défense de leurs

intérêts en justice. — Quant aux héritages qu'ils ont à laisser ou à recueillir. — Quant aux impôts et charges. — En ce qui se rapporte au culte.

100. — 3. Les conditions constitutives de la nationalité des bâtiments; le mode de l'établir et de la reconnaître. — La navigation libre et la navigation réservée. — Les importations, exportations et réexportations permises ou prohibées. — Les dispositions relatives à l'entrepôt et au transit. — Les dispositions spéciales aux colonies et aux possessions y assimilées.

101. — 4. La navigation fluviale et la navigation dans les mers particulières.— Le droit de pêche, et les bateaux ou navires pêcheurs.

102. — 5. L'établissement et l'admission des consuls. — Les priviléges quant aux personnes, aux lieux et aux choses. — La nature et l'étendue de la juridiction propre des consuls; leur participation ou leur intervention à l'égard de la juridiction territoriale. — La police des ports et mouillages. — Les déserteurs des bâtiments de commerce.

103. — 6. Les cas de bris, naufrages, échoûments, périls de mer et relâches forcées.

104. — 7. En matière de douanes : — Les moyens à employer pour prévenir ou pour punir la contrebande. — Les formalités à remplir vis-à-vis ou de la part des douanes à l'arrivée, pendant le séjour, ou au départ des navires. — Les droits établis sur le corps du navire. — Les formalités à la frontière, soit à l'entrée, soit à la sortie. — Les tarifs de douane sous le rapport : des conditions à remplir par les marchandises pour que le traité leur soit applicable; du mode de taxation; de la manière de régler le montant des droits; des faveurs accordées à certains ar-

ticles et des conditions à remplir pour les en faire jouir; des changements qui peuvent être apportés à ces tarifs.

105. — 8. Ce qui a trait aux devoirs et aux droits des sujets, ainsi qu'à la navigation marchande et aux opérations commerciales dans les clauses concernant : — La neutralité d'une des parties contractantes en cas de guerre entre l'autre partie et une puissance tierce. — Les embargos et les cas où des navires sont retenus pour un service forcé. — Les prises faites par des pirates. — Les armements en course et les prises faites par des corsaires. — Le droit de refuge ou d'asile. — Les délais ou facultés accordés pour le cas de rupture.

DEUXIÈME SECTION.

Autres conventions.

106. — 1. Conventions postales. — Objet. — Indication sommaire des bases générales sur lesquelles reposent ces conventions. — Clauses remarquables concernant les paquebots. (*Index* : Nos 303 à 319.)

107. — 2. Conventions relatives à la propriété littéraire et artistique. — Objet. — Indication sommaire des bases générales sur lesquelles reposent ces conventions. — (*Index* : Nos 320 et 321.)

108. — 3. Conventions relatives à la répression de la traite des noirs.—Principes reconnus par le congrès de Vienne. — Puissances avec lesquelles la France a conclu des conventions. — Droit de visite. — Dans quels parages; croiseurs autorisés à l'exercer; formalités; privilèges des bâtiments de guerre pour eux-mêmes et en ce qui concerne les navires de commerce placés sous leur escorte. — Juridiction et tribunaux compétents. — Droit de prise. — Présomption légale. — Ses conséquences. — Débarquement et affranchissement des esclaves trouvés à bord. — Pièces de

procédure et vente des navires. — Stipulations spéciales avec la Grande-Bretagne : 1° Durée de ces stipulations; suspension temporaire et cas d'abolition des conventions de 1831 et de 1833; 2° Établissement d'une croisière commune, manière dont elle doit procéder; 3° Négociations avec les princes africains pour la suppression de la traite; 4° Instructions aux croiseurs, concernant l'exercice du droit d'enquête à l'égard du pavillon; 5° Engagements de chacune des parties en ce qui concerne ses colonies. — (*Index* : Nos 322 à 329.)

IV.

PROGRAMME DES QUESTIONS D'ÉCONOMIE POLITIQUE.

I. Notions fondamentales. — Richesse. — Valeur. — Capital.

De la mesure des valeurs. — Monnaies; métaux précieux; monnaies de compte; monnaie de papier; artifices commerciaux pour remplacer les métaux précieux; comptes courants, revirements.

Variations des valeurs exprimées en métaux précieux. — Quelle en est la cause. — Quantité de ces métaux produite par les mines d'Amérique et par celles de l'Asie boréale.

Comment se règlent les prix. Influence du rapport entre l'offre et la demande. Influence déterminante des frais de production.

II. La production a trois grands instruments : le travail, le capital et la terre considérée comme l'ensemble des forces naturelles.

Manière dont le travail du savant, de l'inventeur, de l'entrepreneur d'industrie, de l'ouvrier, contribue à la production des richesses. — Partage entre l'industrie agricole, l'industrie manufacturière, l'industrie des échanges.

De la division du travail. — Exposé des idées d'Adam Smith. — Grande et petite fabrication ; avantages de la première. — Grande et petite culture ; comparaison des résultats économiques de l'une et de l'autre.

Division du travail entre les nations ; comment elle se modifie. — De l'excédant naturel de la production manufacturière chez les unes, agricole chez les autres.

La division du travail est aussi l'association des efforts. — Des principes d'association. — Des sociétés commerciales. — De la participation des ouvriers aux profits. — De l'association agricole.

De l'association dans la consommation ; grande économie qui en résulte.

Du système colonial de l'Europe envisagé comme une forme de la division du travail sous la condition de restrictions réciproques.

Liberté du travail. — Comparaison entre le travail libre et le travail esclave. — Comparaison entre les corporations et le système de concurrence. — Du système réglementaire en général. — Des marques de fabrique ; de l'inspection à la sortie.

De l'apprentissage ancien. — De l'enseignement professionnel ; cours gratuits ; écoles spéciales.

III. Du capital ; comment il se forme ; ce qui le caractérise. — Influence considérable de l'épargne sur le progrès des sociétés. — Diverses natures du capital ; du capital immatériel.

Des machines ; elles naissent du capital et l'engendrent. — Effet des machines : effet transitoire ; effet permanent. — Services qu'elles rendent à la classe ouvrière. — Influence sur la puissance productive des peuples.

Du rapport entre la population et le capital. — Théorie de la population de Malthus. — Taxe des pauvres.

Des institutions de crédit ; de l'essence du crédit. — Du taux de l'intérêt ; ne peut être fixé d'une manière absolue.

Banques commerciales ; utilité des billets de banque ; limites de cette utilité. — Banques actuelles de France et d'Angleterre. — Banque d'Ecosse.

En quoi le papier-monnaie émis par les gouvernements diffère des billets de banque.

De l'impôt. — Nature et effet. — Assiette de l'impôt.

Des emprunts des Etats. — Système moderne des émissions de rentes. — De l'amortissement des rentes.

IV. De la terre. — Théorie de Ricardo sur le revenu de la terre. — Comment la terre peut être considérée comme un capital.

V. Circulation de la richesse. Débouchés, marché, échange. — Les produits ne se payent qu'avec des produits. — Transport maritime ; chemins de fer. — Comment le perfectionnement des moyens de transport influe sur l'abaissement des prix. — Influence de l'abaissement des prix et de l'aisance générale sur la consommation, sur la production, et sur l'extension du marché.

VI. Ce qu'on entend par liberté du commerce. — De la protection : par les prohibitions ou l'élévation des droits ; par l'amélioration des conditions du travail en elles-mêmes.

V.

PROGRAMME DES QUESTIONS DE TECHNOLOGIE ET DE STATISTIQUE COMMERCIALES.

1° Quel sens attache-t-on aux expressions suivantes dans le langage des douanes et de la statistique commerciale ?

1° Commerce général ;
2° Commerce spécial ;
3° Importation ;
4° Exportation ;
5° Réexportation ;

6° Entrepôt;
7° Transit;
8° Préemption;
9° Droits différentiels;
10° Surtaxe.

2° Qu'entend-on, en douane, par droits à la valeur et par droits spécifiques?

3° Qu'entend-on par valeur officielle et par valeur déclarée?

4° Quelle influence exerce sur les résultats statistiques le mode d'évaluation des importations et des exportations en valeurs officielles?

5° Qu'entend-on par drawback et prime, et quelles sont les principales marchandises françaises jouissant à l'exportation du drawback ou de la prime?

6° Quels sont l'ordre et la classification générale du tableau de commerce des douanes?

7° Quel est, en France, le régime des grains, des sels, des tabacs et des vins?

8° Qu'entend-on par la franchise de Marseille? Indiquer ce que signifie le mot de *port franc*.
Nommer les principaux ports francs.

9° Définir le régime des douanes entre la France et ses colonies.

10° Qu'entend-on par :

Navigation réservée?
Navigation de concurrence?
Pavillon national?
Pavillon de la puissance?
Pavillon tiers?

11° Comment notre marine marchande est-elle protégée dans nos ports contre la concurrence des marines étrangères?

12° Quelles sont les causes générales de la cherté habituelle de notre fret maritime, comparé au fret étranger? Indiquer les conditions premières du développement de toute marine marchande.

13° Quelles sont nos principales marchandises d'encombrement pour l'exportation maritime?

Même question pour les principaux pays, notamment pour l'Angleterre, les Etats-Unis, les pays de la Baltique, etc.

14° Quelle est, en valeur officielle, l'importance de notre commerce extérieur, en distinguant le commerce général du commerce spécial, ainsi que la valeur du transit et de la réexportation? Indiquer les progrès accomplis depuis dix ans.

15° Quelles sont les principales marchandises d'importation et d'exportation dans notre commerce total?

16° Quels sont nos principaux articles d'importation et d'exportation avec les principaux pays?

17° Quelle est la valeur de notre commerce de mer? de notre commerce de terre? Laquelle de ces deux divisions du commerce présente, depuis dix ans, le plus d'accroissement?

18° Quelle est dans les principaux pays la production des grands articles de consommation?

19° Quels sont, en dehors de ces grands articles, ceux dont la production est spéciale aux principaux pays;

20° Quels sont sur les continents européen et asiatique les principaux marchés et foires périodiques? Quelle est la nature et l'importance des principales transactions qui s'y opèrent?

21° Définir le caractère et l'importance de certaines natures de commerce spéciales à quelques contrées, comme : la *traite des gommes* au Sénégal, la troque des côtes occidentales d'Afrique, le commerce de *caravane* en Afrique et en Asie; le commerce de *troc* par Kiaktha, etc.

22° Qu'est-ce que le zollverein ou association allemande? Exposer son organisation, ses résultats.

23° Qu'est-ce que le *change* avec l'étranger? Indiquer les causes principales d'influence sur son cours.

24° Quels sont les livres nécessaires pour la tenue régulière des livres de commerce?

Qu'entend-on par les mots *partie double*?

INDEX

DES DOCUMENTS OFFICIELS AUXQUELS SE RÉFÈRE LE PROGRAMME.

Principales circulaires adressées aux consuls par les ministères des affaires étrangères et de la marine, avec les lois, ordonnances, circulaires émanées d'autres départements, et autres actes officiellement adressés aux agents du Roi.

Nota. Lorsque le mot circulaire n'est suivi d'aucune indication, c'est que la circulaire émane du ministère des affaires étrangères.

Nos.	DATES.	QUALITÉ du DOCUMENT.	OBJET.
1	1681, 1er août.	Ordonnance	De la marine.
2	1778, 1er juin.	Édit du Roi.	Fonctions judiciaires et de police qu'exercent les consuls de France en pays étranger.
3	1781, 3 mars.	Ordonnance	Consulats; résidence, commerce et navigation des sujets du Roi en Levant et en Barbarie.
4	1781, 6 mai.	Instruction royale.	Explications sur l'ordonnance qui précède.
5	1784, 6 mai.	Ordonnance	Classes ou inscription maritime.
6	1786, 1er janvier.	*Id.*	Nomination des officiers des navires marchands autres que les capitaines au long cours et maîtres au cabotage.

Nos.	DATES.	QUALITÉ du DOCUMENT.	OBJET.
7	1790, 2 novembre.	Loi.	Modifications au Code pénal de la marine.
8	1791, 1er juin.	Proclamation du Roi.	Exécution de la loi du 13 mai 1791, relative aux navires et autres bâtiments de construction étrangère.
9	1791, 9 août.	Loi.	Police de la navigation et des ports de commerce.
10	1791, 13 août.	*Id.*	Police de la navigation et des ports de commerce.
11	1792, 22 août.	Loi.	Justification des retards des capitaines marchands.
12	1793, 18 octobre (27 vendémiaire an 2).	Décret.	Dispositions relatives à l'acte de navigation.
13	1795, 25 octobre (3 brumaire an 4).	Loi.	Inscription maritime ou classement des matelots.
14	1800, 27 mars (6 germinal an 8)	Arrêté.	Création d'un conseil des prises.
15	1801, 7 mars (17 floréal an 9).	*Id.*	Sauvetage des bâtiments naufragés et vente de ces bâtiments et des prises.
16	1801, 28 février (9 ventôse an 9).	*Id.*	Prises faites par les vaisseaux et autres bâtiments de l'État.
17	1803, 28 avril (8 floréal an 11).	Loi.	Douanes.
18	1803, 22 mai (2 prairial an 11).	Arrêté.	Armements en course.
19	1804, 26 mars (5 germinal an 12).	*Id.*	Conduite des gens de mer naviguant pour le commerce.
20	1804, 28 mars (7 germinal an 12).	*Id.*	Classes (se reporte aux dispositions de l'ordonnance de 1784 ci-dessus).
21	1806, 20 novembre.	Avis du conseil d'État.	Compétence en matière de délits commis à bord des vaisseaux neutres dans les ports et rades de France.
22	1814, 30 juin.	Ordonnance	Certificats de vie à produire par les rentiers viagers et pensionnaires de l'État résidant à l'étranger.

Nos.	DATES.	QUALITÉ du DOCUMENT.	OBJET.
23	1814, 17 juillet.	Circulaire.	Certificats de vie (envoi de l'ordonnance du 30 juin 1814).
24	1814, 8 août.	*Id.*	Instructions générales pour les consuls de France en pays étranger.
25	1814, 8 août	*Id.*	Instruct. particulières pour les consuls de France en pays étranger.
26	1815, 20 février.	Ordonnance	Franchise de Marseille.
27	1815, 23 août.	*Id.*	Organisation du conseil d'État (comité du contentieux. — Prises).
28	1815, 11 octobre.	Circulaire.	Départements consulaires. — Démarcations faites et à faire.
29	1816, 18 janvier.	*Id.*	Explications sur l'ordonnance ci-dessus du 20 février 1815 relative à la franchise du port de Marseille.
30	1816, 28 avril.	Loi.	Sur les finances.
31	1816, 22 mai.	Ordonnance	Sur la caisse des invalides de la marine.
32	1816, 17 juillet.	Règlement.	Instruction sur l'administration et la comptabilité des invalides.
33	1817, 23 mars.	Circulaire.	Service sanitaire.
34	1817, 27 mars.	Loi.	Douanes.
35	1817, 10 juillet.	Circulaire.	Instructions relatives aux lois des 28 avril 1816 et 27 mars 1817 ci-dessus.
36	1817, 10 septembre.	Ordonnance	Service des douanes à Marseille.
37	1817, 31 octobre.	Circulaire.	Rapports de mer. — Rappel des lois du 22 août 1792 et du 8 floréal an 11.
38	1817, 3 décembre.	Règlement.	Pavillons particuliers des navires de commerce.
39	1819, 16 avril.	Circulaire.	Marines étrangères (demandes de renseignements statistiques).
40	1819, 4 août.	Ordonnance	Chirurgiens à bord des navires (marine marchande).
41	1819, 9 octobre.	Circulaire.	Documents commerciaux à envoyer par les consuls.

Nos.	DATES.	QUALITÉ du DOCUMENT.	OBJET.
42	1819, 13 novembre.	Circulaire.	Marines étrangères (demandes de renseignements statistiques).
43	1829, 20 mars.	*Id.*	Marines étrangères (demandes de renseignements statistiques).
44	1821, 19 avril.	*Id.*	Règles de conduite pour les consuls du Levant.
45	1821, 5 novemb.	*Id.*	Fraudes dans les expéditions de marchandises pour le Levant.
46	1821, 23 nov.	*Id.*	Simulation de pavillon.
47	1822, 3 mars.	Loi.	Sur la police sanitaire.
48	1822, 20 avril.	Circulaire.	Etablissement d'un entrepôt à l'île de Gorée, par décision royale du 7 janvier 1822.
49	1822, 24 avril.	*Id.*	Légalisation des arrêts de cour royale.
50	1822, 7 août.	Ordonnance	Mesures sanitaires en exécution de la loi du 3 mars ci-dessus.
51	1822, 14 sept.	Circulaire.	Comptabilité et justification des dépenses publiques.
52	1822, 24 sept.	*Id.*	Envoi de l'ordonnance du 7 août ci-dessus.
53	1822, 20 décembre.	*Id.*	Demande de renseignements sur les lois qui régissent en pays étranger les négociations commerciales.
54	1823, 10 janvier.	*Id.*	Règles de conduite pour les consuls du Levant.
55	1823, 18 janvier.	Ordonnance	Défense à tout armateur et capitaine français d'employer et d'affréter les bâtiments qui leur appartiennent ou qu'ils commandent à transporter des esclaves.
56	1823, 12 mars.	Circulaire.	Envoi de l'ordonnance qui précède.
57	1824, 10 déc.	*Id.*	Engagements à l'étranger.
58	1824, 17 déc.	*Id.*	Service sanitaire.
59	1825, 21 février.	*Id.*	Analyses marginales.
60	1825, 8 avril.	*Id.*	Congés de navires valables au delà d'un an.

Nos.	DATES.	QUALITÉ du DOCUMENT.	OBJET.
61	1825, 11 avril.	Loi.	Sûreté de la navigation et du commerce maritime.
62	1825, 20 juillet.	Circulaire.	Réduct. des mesures étrangères en valeurs représentatives françaises.
63	1825, 31 juillet.	Ordonnance	Organisation du drogmanat.
64	1825, 7 août.	*Id.*	Écoles d'hydrographie et réception des capitaines du commerce.
65	1826, 21 mars.	Circulaire.	Envoi d'instructions sur l'ordonnance du 7 août 1822.
66	1826, 21 mars.	*Id.*	Demande de renseignements sur les corps de marchands, communaut. d'arts et métiers, etc., etc., en pays étranger.
67	1826, 19 juillet.	*Id.*	Publication de mariage (solution donnée par le garde des sceaux).
68	1826, 19 juillet.	*Id.*	Publication de mariage (solution donnée par le garde des sceaux).
69	1826, 29 juillet.	*Id.*	Service sanitaire.
70	1826, 26 sept.	*Id.*	Service sanitaire. — Facilités.
71	1826, 30 sept.	*Id.*	Envoi d'un formulaire d'actes de l'état civil.
72	1826, 22 novembre.	Décision royale.	Service sanitaire. Facilités.
73	1827, 26 avril.	Règlement.	Pavoisement des navires.
74	1827, 25 juin.	Circulaire.	Service sanitaire. Recommandations.
75	1827, 31 juillet.	*Id.*	Envoi du règlement du 26 avril ci-dessus.
76	1827, 28 août.	*Id.*	Formalités à remplir par un agent lorsqu'il s'éloigne de son poste en vertu d'un congé. Renseignements sur la position de chaque employé.
77	1827, 31 octobre.	Ordonnance	Service des officiers, des élèves et des maîtres à bord des bâtiments de la marine royale.
78	1827, 31 octobre.	Règlement, art. 259.	Pavoisement.

Nos.	DATES.	QUALITÉ du DOCUMENT.	OBJET.
79	1827, 30 novembre.	Circulaire.	Demande d'objets d'histoire naturelle pour le Muséum.
80	1827, 29 décembre.	*Id.*	États de navigation. (Instructions.)
81	1827, 29 décembre.	*Id.*	États de navigation (Instructions particulières aux Échelles du Levant).
82	1827, 31 déc.	Délibération de l'intendance sanitaire de Marseille.	Service sanitaire.
83	1828, 14 janvier.	Circulaire.	Envoi de la délibération qui précède.
84	1828, janvier.	*Id.*	Demande de renseignements sur l'institution des sourds-muets en pays étranger.
85	1828, 19 mars.	*Id.*	États de navigation. Demande à divers consuls d'un envoi trimestriel.
86	1828, 7 juillet.	*Id.*	Demande d'informations sur les besoins, les goûts des consommateurs étrangers. Échantillons à envoyer des articles d'importation les plus estimés.
87	1828, 14 septembre.	*Id.*	Céréales. Envoi d'un modèle d'état des prix.
88	1828, 11 novembre.	*Id.*	États de commerce demandés en double.
89	1828, 30 décembre.	*Id.*	Demande de renseignements sur les prix des principaux articles français d'importation et d'exportation sur divers marchés étrangers.
90	1828, 31 décembre.	*Id.*	Instructions concertées entre les ministres de la marine et de la justice, relativement à la rédaction des actes de l'état civil, ainsi que des procès-verbaux et testaments pendant les voyages de mer à bord des bâtiments du Roi et des navires du commerce.

N°s.	DATES.	QUALITÉ du DOCUMENT.	OBJET.
91	1829, 23 janvier.	Circulaire.	Demande de renseignements sur les tabacs d'Amérique.
92	1829, 27 février.	*Id.*	Service sanitaire. Rappel de la circulaire du 21 mars 1826, de la loi du 3 mars 1822 et de l'ordonnance du 7 août 1822.
93	1829, 16 juillet.	*Id.*	Demande de renseignements sur la nature et la quotité des droits imposés dans les ports étrangers à la navigation française.
94	1829, 1er août.	*Id.*	Service sanitaire.
95	1829, 7 août.	*Id.*	Demande de renseignements sur la fixation en pays étranger des quantités que l'on considère comme formant le tonneau de mer.
96	1829, 18 septembre.	*Id.*	Avis de l'établissement de signaux à l'entrée du port du Havre.
97	1829, 30 sept.	*Id.*	Service sanitaire.
98	1830, 23 janvier.	*Id.*	Service sanitaire.
99	1830, 15 mars.	*Id.*	Demande de renseignements sur le taux auquel les courtages maritimes sont fixés en pays étranger.
100	1830, 1er septembre.	*Id.*	Envoi de la formule du serment qui doit être prêté par les fonctionnaires publics.
101	1830, 30 octobre	Loi.	Importation en France des grains étrangers.
102	1830, 29 décembre.	Circulaire.	Envoi d'une formule pour les certificats d'expédition de grains pour la France.
103	1830, 4 décembre.	*Id.*	Céréales. Existence, arrivage, prix de bulletins hebdomadaires.
104	1831, 4 mars.	Loi.	Répression de la traite des noirs
105	1831, 10 juin.	Circulre du ministère du comm^ce aux intendances sanitaires.	Service sanitaire. Choléra-morbus.

Nos.	DATES.	QUALITÉ du DOCUMENT.	OBJET.
106	1831, 25 juin.	Circulaire du ministère du commerce aux intendances sanitaires.	Service sanitaire. Choléra-morbus.
107	1831, 8 juillet.	*Id.*	Service sanitaire. Choléra-morbus.
108	1831, 9 juillet.	*Id.*	Service sanitaire. Choléra-morbus.
109	1831, 20 juillet.	*Id.*	Service sanitaire. Choléra-morbus.
110	1831, 12 août.	Circulaire.	Règles relativement à la correspondance des agents à l'étranger avec des personnes résidant en France.
111	1831, 5 septembre.	*Id.*	Nécessité du serment des experts dans une opération constatant une détérioration de marchandises.
112	1831, 10 octobre.	*Id.*	Règle pour la rédaction des passe-ports.
113	1832, 17 janvier.	*Id.*	Correspondance. — Lettres mises sous le couvert des consulats.
114	1832, 24 février.	Ordonnance	Pensions payables à l'étranger.
115	1832, 2 avril.	Circulaire.	Envoi de l'ordonnance qui précède.
116	1832, 22 avril.	Loi.	Pêche de la morue.
117	1832, 28 avril.	Circulaire.	Service sanitaire.
118	1832, 18 juin.	Ordonnance	Quarantaine pour les bâtiments provenant des ports d'Alger, d'Oran et de Bonne.
119	1832, 31 août.	Circulaire.	Règles pour les certificats de vie des pensionnaires résidant à l'étranger.
120	1832, décembre.	*Id.*	Défense de recevoir aucun présent des gouvernements étrangers à l'occasion de traités, ou de premières ou dernières audiences, etc.
121	1833, 20 avril.	Loi.	Pêche de la morue.

Nos.	DATES.	QUALITÉ du DOCUMENT.	OBJET.
122	1833, 26 avril.	Ordonnance	Pêche de la morue.
123	1833, 15 juin.	Circulaire.	Pêche de la morue (envoi de l'ordonnance ci-dessus).
124	1833, 26 avril.	Ordonnance	Pêche de la baleine.
125	1833, 18 août.	*Id.*	Papiers diplomatiques.
126	1833, 20 août.	*Id.*	Personnel des consulats.
127	1833, 21 août.	*Id.*	Circonscriptions consulaires. — Consulats de 1re et de 2e classe.
128	1833, 23 août.	*Id.*	Comptabilité des chancelleries.
129	1833, 24 août.	*Id.*	Emploi des perceptions de chancellerie.
130	1833, 31 août.	Circulaire.	Certificats par les magistrats du lieu à l'étranger.
131	1833, 31 août.	*Id.*	Envoi de l'ordonn. du 20 août.
132	1833, 2 septemb.	*Id.*	Chancelleries consulaires. — Envoi des ordonnances des 23 et 24 août ci-dessus.
133	1833, 3 septemb.	*Id.*	Renseignements périodiques. Mémoires annuels.
134	1833, 3 octobre.	*Id.*	Papiers diplomatiques.
135	1833, 23 octobre.	Ordonnance	Intervention des consuls relativement aux actes de l'état civil des Français en pays étranger.
136	1833, 24 octobre.	*Id.*	Dépôts faits dans les chancelleries consulaires.
137	1833, 25 octobre.	*Id.*	Attributions des consulats relativement aux passe-ports, légalisations et significations judiciaires.
138	1833, 26 octobre.	*Id.*	Fonctions des vice-consuls et agents consulaires.
139	1833, 27 octobre.	Arrêté.	Costume des consuls, des officiers et agents consulaires.
140	1833, 29 octobre.	Ordonnance	Fonctions des consuls dans leurs rapports avec la marine commerciale.
141	1833, 4 novemb.	Circulaire.	Envoi des ordonnances des 23, 24, 25 et 26 octobre ci-dessus.
142	1833, 7 novemb.	Ordonnance	Fonctions des consuls dans leurs rapports avec la marine militaire.

Nos.	DATES.	QUALITÉ du DOCUMENT.	OBJET.
143	1833, 18 nov.	Circulaire.	Envoi des ordonnances des 29 octobre et 7 novembre ci-dessus.
144	1833, 28 nov.	Ordonnance	Immatriculation dans les chancelleries consulaires, des Français résidant à l'étranger.
145	1833, 29 nov.	Instruction spéciale.	Exercice de la juridiction consulaire en pays de chrétienté.
146	1833, 30 nov.	*Id.*	Actes et contrats reçus dans les chancelleries consulaires.
147	1833, 1er décembre.	Règlement.	Position à bord des bâtiments de l'État des agents du département des affaires étrangères.
148	1833, 9 décembre.	Circulaire.	Envoi de l'ordonnance du 28 novembre et des instructions des 29 et 30 novembre ci-dessus.
149	1834, 23 janvier.	*Id.*	Envoi du règlement de la marine du 1er décembre 1833 ci-dessus.
150	1834, 31 janvier.	*Id.*	Protection des Algériens.
151	1834, 22 mars.	*Id.*	Testaments, mode de réception.
152	1834, 26 mars.	*Id.*	Envoi d'un modèle de brevet de vice-consul et d'agent consulaire, directions relativement à l'envoi de la valeur des dépôts.
153	1833, 26 mai.	*Id.*	Serments des experts. — Nécessité d'employer des mesures françaises dans les expertises.
154	1834, 25 juillet.	*Id.*	Directions relativement à l'envoi de la valeur des dépôts.
155	1834, 11 septembre.	Ordonnance	Ouverture du lazaret de Trompeloup aux provenances du Levant.
156	1834, 24 septembre.	Circulaire.	Chancelleries consulaires. (Procuration des étrangers) pour transfert de rentes.
157	1834, 29 sept.	*Id.*	Frais de chancelleries.

Nos.	DATES.	QUALITÉ du DOCUMENT.	OBJET.
158	1834, 30 septembre.	Circulaire.	Correspondance. Recommandations.
159	1834, 16 octobre.	*Id.*	Envoi de l'ordonnance du 11 septembre, ci-dessus.
160	1834, 22 décembre.	*Id.*	Pièces de bord à déposer par les capitaines.
161	1835, 18 avril.	Ordonnance	Suppression du droit de 2 p. 0/0 et de l'obligation du cautionnement.
162	1835, 30 mai.	Circulaire.	Envoi de l'ordonnance qui précède. Dépenses d'entretien des établissements français en Levant et en Barbarie.
163	1835, 30 mai.	*Id.*	Faculté accordée aux consuls en pays de chrétienté de délivrer des passe-ports pour le Levant et la Barbarie.
164	1835, 4 décembre.	Circulaire de la marine.	Demande de documents relatifs aux navires désarmés dans les consulats et autres recommandations.
165	1836, 5 janvier.	Ordonnance	Service sanitaire.
166	1836, 28 janvier.	Circulaire.	Avis de la publication de l'ordonnance du 5 janvier 1836.
167	1836, 30 janvier.	*Id.*	Certificats d'origine pour les huiles d'olive, le riz et l'indigo. — Envoi d'une lettre des finances du 18 janvier.
168	1836, 28 mai.	Loi.	Poursuite des jugements, des contraventions, délits et crimes commis par des Français dans les échelles du Levant et de Barbarie.
169	1836, 12 mai.	Ordonnance	Frais de route et de passage en cas de rapatriement.
170	1836, 12 juillet.	Circulaire.	État civil. Demande de l'envoi au ministère des actes de décès des Français lorsque ces actes sont remis aux agents diplomatiques par les cabinets étrangers.
171	1836, 15 juillet.	Instruction.	Explication relative à la loi du 28 mai ci-dessus.

Nos.	DATES.	QUALITÉ du DOCUMENT.	OBJET.
172	1836, 26 septembre.	Circulaire.	Marchandises prohibées. Envoi d'un tableau des ports avec indication du tonnage.
173	1836, 27 décembre.	Ordonnance	Augmentation du minimum des remises en faveur de quelques chanceliers.
174	1837, 1er janvier.	Circulaire.	Règles sur la transmission des dépôts à la caisse des consignations.
175	1837, 20 février.	*Id.*	Embarquement de passagers sur les paquebots à vapeur.
176	1837, 10 avril.	Règlement.	Paquebots à vapeur de l'État dans la Méditerranée.
177	1837, 25 avril.	2 circulaires.	Envoi du règlement qui précède.
178	1837, 13 juillet.	Décision du ministre des finances	Franchises des correspondances par les paquebots de la Méditerranée.
179	1837, 4 août.	Circulaire.	Envoi de la décision qui précède.
180	1837, 8 octobre.	*Id.*	Avis de la publication de l'ordonnance du 27 décembre 1836, ci-dessus.
181	1837, 20 novembre.	Décision du ministre des finances.	Conditions de la franchise des correspondances par les paquebots à vapeur de l'État dans la Méditerranée.
182	1837, 9 octobre.	Ordonnance	Retenues sur les salaires des équipages.
183	1837, 17 octobre.	Circulaire de la marine.	Fixation du nombre de passagers que le consul a droit de placer sur les navires revenant en France. (Marine commerciale.)
184	1837, 9 décembre.	Circulaire.	Envoi des décisions ci-dessus du ministre des finances, en date des 13 juillet et 20 novembre 1837.
185	1837, 20 décembre.	Ordonnance	Frais de routes des *militaires isolés* en pays étranger.
186	1838, 1er février.	Circulaire.	Correspondance (contre-seing et sceau).
187	1838, 26 mars.	*Id.*	Envoi de l'ordonnance du 20 décembre 1837, ci-dessus.

Nos.	DATES.	QUALITÉ du DOCUMENT.	OBJET.
188	1838, 14 avril.	Circulaire des douanes.	Marchandises prohibées. Tonnage. (*Voyez* Circulaire du 19 janvier 1839.)
189	1838, 31 mai.	Circulaire.	Manœuvres à prévenir de la part des capitaines pour éluder la surtaxe de navigation.
190	1838, 7 septembre.	*Id.*	Dépôts non transmissibles à la caisse des consignations.
191	1838, 20 septembre.	Règlement général.	Frais de service des agents politiques et consulaires.
192	1838, 30 sept.	Circulaire.	Envoi du règlemt qui précède.
193	1838, 8 octobre.	Circulaire de la marine.	Obligation imposée aux capitaines de déférer aux réquisitions des consuls, dans le cas prévu dans la dépêche du 17 octobre 1837.
194	1838, 24 octobre.	Circulaire.	Céréales. — Bulletin hebdomadaire.
195	1838, 8 novembre.	*Id.*	Céréales. Changements à la rédaction des bulletins.
196	1838, 17 décembre.	*Id.*	Dépenses des établissements français en Levant et en Barbarie. Comptabilité. Police administrative.
197	1839, 18 janvier.	Circulre des douanes.	Tonnage de rigueur, marchandises prohibées.
198	1839, 19 janvier.	Circulaire.	Envoi des circulaires des douanes du 14 avril 1838 et 18 janvier 1839.
199	1839, 23 février.	Règlement du ministère de la marine	Administration et police des paquebots-poste de la Méditerranée.
200	1839, 30 avril.	Circulaire.	Envoi du règlemt qui précède.
201	1839, 2 octobre.	*Id.*	Paquebots-poste de la Méditerranée. Embarquement des passagers et des colis.
202	1839, 8 octobre.	Circulaire de la marine.	Instruction sur le titre V de de l'ordonnance du 29 octobre 1833, relatif aux navires français *naufragés* en pays étranger. (A la suite de cette circulaire sont relatées les dates des actes à consulter en matière de *sauvetage*.)

Nos.	DATES.	QUALITÉ du DOCUMENT.	OBJET.
203	1839, 13 novembre.	Ordonnance	Suppression pour les capitaines de l'obligation de produire devant les administrations sanitaires des bulletins de santé délivrés aux passagers.
204	1839, 6 décembre	Circulaire.	Tableaux des prix courants et du cours des changes. Envoi d'un modèle.
205	1839, 6 décembre.	*Id.*	Envoi de l'ordonnance du 13 novembre, ci-dessus.
206	1839, 20 décembre.	Ordonnance	Ouverture du lazaret de Tatihou aux provenances du Levant.
207	1840, 13 janvier.	Circulaire.	Avis de la publication de l'ordonnance qui précède.
208	1840, 15 juillet.	*Id.*	Paquebots de l'État. Rédaction des ordres d'embarquement.
209	1840, 24 août.	*Id.*	Demande de renseignements sur les chemins de fer.
210	1840, 25 août.	*Id.*	Demande de renseignements sur les monnaies et mesures étrangères.
211	1840, 12 octobre.	*Id.*	Recommandation de convertir les poids et mesures en unités françaises.
212	1840, 31 octobre.	Règlement de la marine.	Dispense pour les consuls, d'intervenir dans les opérations relatives à l'acquittement et à la justification des dépenses faites en pays étranger pour les bâtiments de la marine royale.
213	1840, 12 novembre.	Circulaire.	Demande d'échantillons d'étoffes. (Pièces entières.)
214	1841, 16 février.	*Id.*	Service sanitaire.
215	1841, 17 février.	Ordonnance	Admission en libre pratique dans les ports du royaume, des navires venant des ports de l'Algérie.
216	1841, 31 mars.	Circulaire.	Documents commerciaux et mémoires annuels à envoyer par les consuls.

Nos.	DATES.	QUALITÉ du DOCUMENT.	OBJET.
217	1841, 22 avril.	Circulaire de la marine.	Dispense les consuls d'intervenir dans les opérations relatives à l'acquittement et à la justification des dépenses faites en pays étranger par les bâtiments de la marine royale.
218	1841, 10 mai.	Ordonnance	Retenue sur les salaires des équipages.
219	1841, 12 mai.	Circulaire.	Échange de documents officiels en matière de douane et d'accise, avec les gouvernements étrangers. Envoi au ministère de ces documents avec traduction et analyse.
220	1841, 5 juin.	*Id.*	Observations sur l'article 137 du règlement de la marine du 31 octobre 1840, ci-dessus. — Renseignements à donner aux commandants des bâtiments.
221	1841, 25 juin.	Loi.	Pêche de la morue.
222	1841, 2 juillet.	Circulaire.	Certificat d'origine.
223	1841, 28 août.	*Id.*	Obligation d'employer le système métrique dans la rédaction des passe-ports.
224	1841, 10 septembre.	*Id.*	Recommandation quant à la rédaction et à la forme des patentes. Rappel aux instructions générales du 9 octobre 1825.
225	1841, 17 décembre.	*Id.*	Demande de renseignements; types des poids et mesures.
226	1841, 31 décembre.	*Id.*	Renseignemts commerciaux. Modifications aux modèles des relevés commerciaux.
227	1842, 10 mai.	*Id.*	Service sanitaire.
228	1842, 15 mai.	*Id.*	Envoi des modèles de certificats de vie à délivrer aux pensionnaires de l'État résidant en pays étranger.
229	1842, 5 juillet	Ordonnance	Modifications de l'organisation du tribunal consulaire de Constantinople.

Nos.	DATES.	QUALITÉ du DOCUMENT.	OBJET.
230	1842, 21 octobre.	Ordonnance	Demande d'envoi de plantes et graines au ministère de la guerre pour l'Algérie.
231	1842, 6 novembre.	*Id.*	Chancelleries consulaires. — Mise en vigueur du nouveau *tarif* à dater du 1er janvier 1843.
232	1842, 9 novembre.	Circulaire.	Demande de renseignements sur les moyens financiers affectés aux dépenses particulières des grandes villes.
233	1842, 9 novembre.	*Id.*	Chancelleries consulaires. Envoi de l'ordonnance du 6 novembre, ci-dessus, et du tarif nouveau.
234	1843, 23 février.	*Id.*	Passe-ports.
235	1843, 25 février.	Décision du ministre des finances.	Facilité de faire escale sans perdre la jouissance de la modération de droits.
236	1843, 6 mars.	Circulaire des douanes	Avis de la décision qui précède.
237	1843, 11 avril.	Circulaire.	Service sanitaire.
238	1843, 12 avril.	*Id.*	Renseignemts. — Commerce comparé avec l'Algérie avant et après la conquête.
239	1843, 20 avril.	*Id.*	Envoi de la circulaire des douanes du 6 mars, ci-dessus.
240	1843, 1er juin.	*Id.*	Envoi de la formule à employer par les agents du Roi pour adresser leur réquisition aux officiers commandant les paquebots-poste.
241	1843, 22 juin.	*Id.*	Service sanitaire.
242	1843, 29 juin.	*Id.*	Service sanitaire.
243	1843, 19 juillet.	*Id.*	Service sanitaire.
244	1843, 9 octobre.	*Id.*	Pêche de la morue.
245	1843, 15 nov.	*Id.*	Pêche de la morue.
246	1844, 27 avril.	Circulaire.	Envoi d'un exemplaire du tarif général des douanes de France.
247	1844, 13 août.	Ordonnance	Organisation des bureaux du ministère des affaires étrangères.

Nos.	DATES.	QUALITÉ du DOCUMENT.	OBJET.
248	1844, 23 nov.	Circulaire.	Certificats d'origine.
249	1845, 26 avril.	Ordonnance	Personnel des consulats. — Nouvelles conditions d'admission et d'avancement dans le corps consulaire.
250	1845, 20 juin.	Circulaire.	Envoi de l'ordonnance qui précède.
251	1845, 31 juillet.	Circulaire de la marine.	Nouvelles recommandations au sujet du service de l'établissement des invalides de la marine.
252	1845, 9 août.	Circulaire.	Envoi d'un exemplaire du *supplément* au tarif général des douanes de France.
253	1845, 20 octobre.	Circulaire.	Demande de renseignements sur les causes et le traitement des affections calculeuses en pays étranger. — Envoi de questions.
254	1845, 7 novemb.	Ordonnance	Dispense pour les consuls du soin d'intervenir dans la passation des marchés pour le ravitaillement des bâtiments de l'État.
255	1845, 13 nov.	Circulaire.	Céréales. — Demande de renseignements plus fréquents.
256	1845, 24 nov.	*Id.*	Rôle et congé provisoire à délivrer aux bâtiments vendus à l'étranger sans avoir perdu leur nationalité.
257	1845, 30 nov.	Circulaire de la marine.	Notification de l'ordonnance ci-dessus du 7 novembre 1845.
258	1846, 17 janvier.	Ordonnance	Bateaux à vapeur qui naviguent sur mer.
259	1846, 10 mars.	Circulaire.	Demande de renseignements sur le fret maritime. Envoi d'un modèle de tableau du cours moyen.
260	1846, 11 mars.	*Id.*	États de navigation. — Appendice pour les pavillons tiers.
261	1846, 16 mai.	*Id.*	Céréales. — Demande de renseignements sur la production et le commerce du maïs.

Nos.	DATES.	QUALITÉ du DOCUMENT.	OBJET.
262	1846, 10 juin.	Circulaire.	Service sanitaire.
263	1846, 30 juillet.	Id.	Envoi de l'ordonnance du 17 janvier. — Demande d'informations sur les frais de vacation à allouer aux hommes de l'art chargés de procéder aux vérifications prescrites par cette ordonnance.
264	1846, 31 août.	Ordonnance	Paquebots à vapeur. — Réduction de la taxe indiquée dans le tarif des chancelleries.
265	1846, 15 sept.	Circulaire.	Vérification à faire par les consuls de la traduction des tarifs de douane étrangers, publiée par le ministère du commerce.
266	1846, 16 sept.	Id.	Envoi de l'ordonnance du 31 août ci-dessus.
267	1846, 25 sept.	Id.	Céréales. — Demande d'un rapport détaillé immédiat.
268	1846, 12 octobre.	Id.	Indication à mettre sur le rôle et le congé provisoire.
269	1846, 5 décemb.	Id.	Envoi d'un projet de loi destiné à modifier les délais judiciaires. — Demande d'observations sur ce projet.
270	1847, 17 février.	Id.	Règles à suivre pour la correspondance des consuls avec les administrations sanitaires du royaume.
271	1847, 17 février.	Ordonnance	Affranchissement de droits d'entrée, jusqu'au 31 juillet suivant, pour l'importation en Algérie des grains de toute provenance transportés par navires français ou par navires étrangers, et exemption pour ces derniers, jusqu'à l'époque précitée, du payement des droits de tonnage.

Nos.	DATES.	QUALITÉ du DOCUMENT.	OBJET.
272	1847, 1er mars.	Circulaire.	Céréales. — Demande d'informations sur les provenances qui alimentent d'ordinaire les entrepôts de céréales à l'étranger, sur le mouvement habituel des exportations et sur les ressources que les entrepôts pourraient offrir dans les circonstances actuelles.
273	1847, 2 mars.	*Id.*	Service sanitaire.
274	1847, 24 mars.	*Id.*	Envoi de l'ordonnance du 17 février 1847.
275	1847, 18 avril.	Ordonnance	Modification du régime sanitaire établi à l'égard des provenances du Levant et autres pays rangés sous le régime de la patente brute.
276	1847, 27 avril.	*Id.*	Réduction du droit de légalisation en faveur des pièces qui sont destinées à être produites devant les compagnies d'assurances.
277	1847, 10 mai.	Circulaire.	Envoi de l'ordonnance du 27 avril ci-dessus.
278	1847, 25 mai.	*Id.*	Envoi de l'ordonnance du 18 avril ci-dessus.

Traités et conventions.

Traités de commerce et de navigation conclus par la France (a).

		PARTIES CONTRACTANTES.	OBSERVATIONS.
279	1814, 20 juillet.	Espagne.	(a) On n'a indiqué ici que le dernier en date parmi les traités qui règlent les rapports avec chaque État. C'est au can-
280	1822, 24 juin.	États-Unis.	
281	1826, 8 janvier.	Brésil.	
282	1826, 26 janvier.	Grande-Bretagne.	

Nos.	DATES.	PARTIES CONTRACTANTES.	OBSERVATIONS.
283	1830, 8 août.	Tunis.	dilat de juger, d'après la teneur de chacun d'eux, quelles sont les conventions antérieures auxquelles il est nécessaire de recourir. Ont été pareillement omis ceux non encore insérés au *Bulletin des lois*.
284	1831, 31 mars.	Gouvernements riverains du Rhin (*a*).	(*a*) Navigation fluviale.
285	1834, 9 décemb.	Bolivie.	
286	1836, 8 avril.	Uruguay.	
287	1836, 19 juillet.	Mecklembourg-Schwerin.	
288	1838, 12 février.	Haïti.	
289	1838, 25 nov.	Empire ottoman.	
290	1839, 9 mars.	Mexique.	
291	1840, 18 avril.	Nouvelle-Grenade.	
292	1840, 25 juillet.	Pays-Bas.	
293	1842, 9 février.	Danemark.	
294	1843, 25 mars.	Venezuela.	
295	1843, 6 juin.	Equateur.	
296	1843, 28 août.	Etats sardes.	
297	1844, 24 octobre.	Chine.	
298	1844, 15 nov.	Etats de Mascate	
299	1844, 10 déc.	Maroc.	
300	1845, 14 juin.	Deux-Siciles.	
301	1845, 13 déc.	Belgique.	
302	1846, 16 sept.	Russie.	

Conventions de poste conclues par la France (*b*).

Nos.	DATES.	PARTIES CONTRACTANTES.	OBSERVATIONS.
303	1836, 20 déc.	Prusse.	(*b*) Même observation qu'à la lettre *a*.
304	1837, 22 février.	Espagne.	
305	1838, 30 juin.	Toscane.	
306	1838, 9 août.	Etats du pape.	
307	1840, 21 juillet.	Etats sardes.	
308	1841, 16 août.	Suisse (Genève).	
309	1842, 9 mai.	Deux-Siciles.	
310	1843, 3 avril.	Grande-Bretagne.	
311	1843, 30 nov.	Autriche.	
312	1844, 1er juin.	Grèce.	
313	1845, 26 juillet.	Suisse (Berne).	
314	1845, 26 nov.	Pays-Bas.	
315	1846, 10 février.	Bade.	
316	1846, 4 avril.	Prince de la Tour et Taxis (postes féodales d'Allemagne).	

Nos.	DATES.	PARTIES CONTRACTANTES.	OBSERVATIONS.
317	1846, 11 avril.	Belgique.	
318	1846, 15 sept.	Suisse (Bâle-ville).	
319	1847, 16 mai.	Bavière.	

Conventions relatives à la propriété littéraire et artistique, conclues par la France.

Nos.	DATES.	PARTIES CONTRACTANTES.	OBSERVATIONS.
320	1843, 28 août.	Etats sardes.	
321	1846, 22 avril.	Etats sardes.	

Conventions conclues par la France pour la répression de la traite des noirs (a) (b).

Nos.	DATES.	PARTIES CONTRACTANTES.	OBSERVATIONS.
322	1834, 26 juillet.	Danemark.	(a) Même observation qu'à la lettre a. (b) Toutes ces conventions ont leur point de départ dans les actes du congrès de Vienne, où se trouvent également posées la plupart des bases du droit public de l'Europe.
323	1834, 8 décemb.	Etats sardes.	
324	1836, 21 mai.	Suède.	
325	1837, 9 juin.	Villes anséatiques (Hambourg, Brême et Lubeck).	
326	1837, 24 nov.	Toscane.	
327	1838, 14 février.	Deux-Siciles.	
328	1840, 29 août.	Haïti.	
329	1845, 29 mai.	Grande-Bretagne.	

Nota. Il a été adressé aux consuls, sous la date du 12 août 1847, une circulaire relative à la comptabilité des chancelleries; elle prescrit aux chanceliers l'envoi, pour la cour des comptes, d'états annuels, et aux consuls, l'envoi de certificats dont le modèle a été concerté entre les départements des affaires étrangères et des finances.

EXTRAIT DU MONITEUR UNIVERSEL.
du 15 octobre 1847.

TABLE

DES MATIÈRES CONTENUES DANS CE RECUEIL.

Pages.

Rapport du ministre au Roi. 1

Règlement approuvé par le Roi. 6

Rapport de la commission chargée de préparer le règlement et le programme d'examen. 9

Programme général d'examen. 17

Divisions du programme général.

I. Programme de l'examen sur les langues étrangères. . . . 18

II. Programme des questions d'administration consulaire. . *Ib.*
- Titre Ier. De l'institution consulaire française. . . . . *Id.*
- Titre II. Organisation consulaire à l'extérieur. 19
- Titre III. Service consulaire en Turquie, en Égypte et en Barbarie. 21
- Titre IV. Service consulaire en pays de chrétienté. . . 36
- Titre V. Prérogatives, étiquette, priviléges. 38
- Titre VI. Prise de possession. . . . . *Ib.*
- Titre VII. Devoirs généraux et responsabilité. . . . . . *Ib.*

III. Programme des questions de droit des gens. 39
- Chap. 1er. Définitions générales. . . . . *Ib.*
- Chap. 2. Traités conclus par la France, concernant le commerce et la navigation. 40

Pages.

La transmission des correspondances et imprimés ; la protection de la propriété littéraire et artistique ; la traite des noirs. 42

IV. Programme des questions d'économie politique. 43

V. Programme des questions de technologie et de statistique commerciales 45

Index des documents officiels auxquels se réfère le programme ; circulaires, lois, ordonnances, etc. 49

Traités et conventions. 67

Imprimerie PANCKOUCKE, rue des Poitevins, 6.

www.ingramcontent.com/pod-product-compliance
Ingram Content Group UK Ltd.
Pitfield, Milton Keynes, MK11 3LW, UK
UKHW022122260726
13993UKWH00003B/1179